Los sueños de los niños

A pesar de haber puesto el máximo cuidado en la redacción de esta obra, el autor o el editor no pueden en modo alguno responsabilizarse por las informaciones (fórmulas, recetas, técnicas, etc.) vertidas en el texto. Se aconseja, en el caso de problemas específicos —a menudo únicos— de cada lector en particular, que se consulte con una persona cualificada para obtener las informaciones más completas, más exactas y lo más actualizadas posible. EDITORIAL DE VECCHI, S. A. U.

A todos los abuelos del mundo que saben entender los sueños de los niños. En particular, a los abuelos de Luca y Davide: Franca, Giovanna, Dante y Claudio, que nos hacen de puente hacia el cielo

© Editorial De Vecchi, S. A. 2019
© [2019] Confidential Concepts International Ltd., Ireland
Subsidiary company of Confidential Concepts Inc, USA
ISBN: 978-1-64461-361-0

El Código Penal vigente dispone: «Será castigado con la pena de prisión de seis meses a dos años o de multa de seis a veinticuatro meses quien, con ánimo de lucro y en perjuicio de tercero, reproduzca, plagie, distribuya o comunique públicamente, en todo o en parte, una obra literaria, artística o científica, o su transformación, interpretación o ejecución artística fijada en cualquier tipo de soporte o comunicada a través de cualquier medio, sin la autorización de los titulares de los correspondientes derechos de propiedad intelectual o de sus cesionarios. La misma pena se impondrá a quien intencionadamente importe, exporte o almacene ejemplares de dichas obras o producciones o ejecuciones sin la referida autorización». (Artículo 270)

Angelo Musso – Ornella Gadoni

LOS SUEÑOS DE LOS NIÑOS

Índice

INTRODUCCIÓN 7

PRIMERA PARTE
LOS MISTERIOS DE DORMIR Y SOÑAR

ANATOMÍA DE LOS SUEÑOS 13
Un poco de historia 13
La fase Rem 17
Cuándo y cómo se sueña 19
Los sueños lúcidos 22
Para qué sirve soñar 23
PROFUNDIZACIÓN
   Cómo profundizar en el conocimiento del mundo
   de los sueños 28

SEGUNDA PARTE
EL SUEÑO Y LOS SUEÑOS DE LOS NIÑOS

ESTRATEGIAS PARA PASAR UNA BUENA NOCHE 28
El ritmo sueño-vigilia en el bebé y en el niño 28
PROFUNDIZACIÓN
   Cómo inducir al sueño 38
   Errores comunes o creencias equivocadas de los padres
   38
   Breve vademécum para noches tranquilas 39
   Cómo mejorar el sueño en la habitación del niño
   con el feng shui 47
Los trastornos del sueño 54
La importancia del sueño 60

NIÑOS QUE SUEÑAN 63
La relación y el diálogo entre padres e hijos a través
  de la interpretación de los sueños 63
Cómo se desarrolla la capacidad de soñar 65
Sueño «real» o «fantástico»............................... 67
El trabajo onírico 68
Signos y símbolos de los sueños........................... 71
INTERPRETACIONES
  La interpretación de los sueños y las fases críticas
    de la infancia 78

PSICOLOGÍA DEL IMAGINARIO: FANTASÍA, JUEGO, SUEÑO 91
Las emociones 91
EL SUEÑO COMO TERAPIA
  Las emociones en el sueño: un juego-ejercicio útil .. 94
La frontera entre los sueños oníricos y los sueños
  con los ojos abiertos................................... 97
EL SUEÑO COMO TERAPIA
  Por qué hablar del juego 100
  Los sueños pueden convertirse en relatoterapia:
    para vencer ansiedades, miedos y trastornos nocturnos.. 103

LOS SUEÑOS DE LA A A LA Z......................... 109

BIBLIOGRAFÍA 217

Introducción

Los sueños de los niños de edades comprendidas entre los tres y los nueve años son simples y fáciles de interpretar. La principal dificultad radica en la posibilidad de conocer el contenido del sueño. Lo que ocurre durante el sueño de nuestros hijos sólo nos lo pueden explicar ellos, y no se puede comprobar directamente. Así pues, para saber qué han soñado tendremos que confiar en sus capacidades mnemónicas y de expresión verbal. Ahora bien, en la infancia, la fantasía y la imaginación se entremezclan fácilmente con la realidad, y entonces puede ocurrir que los sueños que un niño explique estén de algún modo relacionados con momentos fantasiosos vividos durante el día.

Para entender el mundo del niño hay que captar el significado del contenido de sus fantasías, sin que importe que sean atribuibles a la actividad onírica o a la vigilia. El juego adquiere valores importantes, porque también expresa las fantasías infantiles y puede proporcionar a los padres indicaciones útiles para estimular a sus hijos a contar los sueños. El psicoanálisis, la primera disciplina que reconoció la importancia de la interpretación de los sueños, con los niños interpreta el juego.

Ante los sueños de los niños no conviene adoptar un planteamiento escéptico o superficial. El niño debe darse cuenta de que lo que ha soñado no son tonterías carentes de sentido; es más, debe estar acompañado por el adulto en sus fantasías, entre los miedos de las pesadillas y el descubrimiento de los grandes sueños. Cuando ha tenido una pesadilla, puede ser muy grave decirle que es «sólo un sueño»: quizás, en primera instancia, esto pueda tranquilizar, pero sin duda alguna resta sustancia y validez a la experiencia vivida.

Este libro introduce temas específicos para la comprensión de los sueños de los niños que permitirán actuar de la manera más apropiada. Concretamente se destaca el significado de los objetos y de los símbolos representados en los sueños, a través de los cuales se puede extraer información útil para mejorar la comprensión de los contenidos del mundo interior de quien sueña.

Puede ocurrir que algunas situaciones relacionales de la realidad cotidiana no sean bien entendidas, y los sueños, si se les presta la debida atención, son un instrumento que puede ayudarnos a entenderlas. Acostumbrarse a hablar de los sueños con los hijos y animarles a contarlos es una manera de favorecer un crecimiento sano y de enseñarles a obtener lo mejor de cada situación y contexto, tanto en familia, como en la relación con sus compañeros en el colegio. Entender los sueños de los niños es una oportunidad importante de estar más cerca de las profundidades psíquicas y emotivas de sus procesos mentales y afectivos, que, de otro modo, estarían destinados a una relación de comunicación únicamente verbal y gestual.

La intención de los autores, padres de dos hijos y expertos en psicopedagogía y terapias psicológicas, es que este libro sea una guía para la comprensión de las relaciones afectivas que surgen de los sueños, fundamentales desde el punto de vista de la evolución. Este libro ha de servir para que los padres sepan que disponen de un instrumento fácil para entender los deseos y los miedos de sus hijos durante el crecimiento, y, a la vez, para proporcionar a los niños un método para crecer siendo conscientes de sus sentimientos, lo cual les facilita una mayor predisposición para entenderse y sentirse realizados.

Enseñar a los hijos a contar los sueños, explicándoles que son una elaboración espontánea y fisiológica de la mente y del cerebro, abre la vía de una profunda complicidad, de unión y de participación en un proceso de crecimiento más completo. Por un lado, los padres pueden intuir y entender mejor las dificultades y los conflictos que el niño experimenta en casa o en el colegio, y, por otro lado, los niños pueden recibir una ayuda adecuada y, al mismo tiempo, encontrar alivio a una situación opresiva con el mero hecho de contar el sueño, que se convierte en una manera de liberar el contenido emotivo que crea un malestar temporal.

Las tres partes del libro tienen el objetivo de sensibilizar a los padres para que no den respuestas que sirvan sólo para alejar malos pensamientos, lo que podría ser ineficaz o incluso perjudicial. En referencia a los sueños de los niños, conviene estimular la fantasía y la curiosidad: hay que invitarles a reflexionar sobre el sueño, a expresar lo que piensan al respecto, a explicar quiénes eran los personajes, en qué lugares transcurría el sueño y muchas más cosas, de modo que sea como construir una fábula personal que podría sacar a la luz muchos aspectos de la personalidad.

La primera parte del libro aborda los temas fundamentales de la fisiología del sueño y su manifestación neurológica y psicológica. Nunca nos cansaremos de insistir en la importancia de la formación de los padres en lo relativo a la investigación e interpretación del sueño.

La segunda parte se centra en el sueño de los niños, ilustrando las estrategias para favorecerlo y las alteraciones de las que puede ser objeto. El paso siguiente es la utilización de los sueños: la elaboración cognitiva, la representación psicodramática y el carácter terapéutico del cuento. Para ello se exponen brevemente los aspectos terapéuticos, psicoanalíticos o cognitivos en los que el sueño se utiliza como guía de orientación para la curación emocional y psicológica del niño. Se tratan los sueños de los niños y los métodos de relación entre los procesos mentales que se manifiestan en su evolución, y cómo el juego, la fantasía y el sueño siguen líneas que se entrelazan para ayudar al niño a definirse a sí mismo y a definir el mundo externo a través del cual está en continua relación existencial.

La tercera y última parte es un diccionario para la interpretación de los símbolos de los sueños, fácil de consultar y punto de partida para iniciar el proceso de interpretación y terapia a través de los sueños.

Primera parte

Los misterios de dormir y soñar

Anatomía de los sueños

Los sueños han fascinado siempre a los hombres, que se interrogan sobre su significado. En la Antigüedad y en las culturas primitivas se les atribuía la capacidad de prever el futuro y de entrar en el mundo de la magia. Hoy en día sabemos que la actividad onírica contiene mensajes que no son menos importantes: los del inconsciente, demasiadas veces silenciado durante la vigilia por lo que llamamos racionalidad.

Actualmente sabemos que la actividad de los sueños es neurofisiológica y que estos desempeñan funciones importantes relativas a la formación y las modificaciones de las actividades psíquicas, comportamentales y relacionales.

Un poco de historia

Ya en el siglo IX a. de C., Homero diferenciaba dos grupos de sueños: un primer grupo de sueños sin importancia, y un segundo grupo de sueños que anunciaban la verdad.

Para Platón (428/427-347 a. de C.) los sueños eran la fuerza adivinatoria del alma. Digno de atención, desde un punto de vista simbólico de los aspectos del imaginario onírico, es el «mito de la caverna»:[1] interpretando las imágenes en la pared de la caverna se

---

1. El Mito de la Caverna describe una cueva en la que viven unos hombres encadenados que miran hacia dentro, de modo que la entrada queda a sus espaldas, iluminada por la luz del sol. En el exterior de esta cueva hay una pared de la altura de un hombre detrás de la cual se mueven otros hombres que llevan a hombros estatuas que representan varios tipos de cosas. De este modo, los prisioneros no verían más que las sombras de las estatuas proyectadas en el fondo, e, imaginando que los hombres que las transportan hablaran entre ellos y que en la caverna hubiera eco, creerían que las voces del eco son voces producidas por las sombras. Pero si uno de estos prisioneros lograra liberarse de las cadenas y pudiera mirar hacia fuera, vería las estatuas transportadas detrás de la pared, y no reflejadas en el fondo de la caverna, y se daría cuenta de que son más verdaderas que las cosas que veía al principio y que ahora se le aparecen como sombras. Luego saldría al exterior y, deslumbrado por la luz, inicialmente estaría desorientado, pero cuando se hubiese acostumbrado vería las cosas reales. Y, por último, vería el sol, primero reflejado en algún lugar (por ejemplo, en el agua) y luego directamente. Y entendería que estas son las realidades verdaderas y que el sol es causa de todas las otras cosas visibles.

puede aprender la importancia de los sueños, cuya función es enseñar a los hombres a ver el mundo de las ideas (quien sueña recibe su fuerza).

Platón fue el primero que afirmó que los sueños son las explicaciones de fuertes deseos pulsionales, lo cual es una anticipación milenaria del pensamiento freudiano («Sin el arrepentimiento, incluso las personas más religiosas podrían convertirse en sueños en criminales capaces de las acciones más vergonzosas, especialmente en el campo sexual» *República,* IX, 1).

Entender el significado verdadero de los enigmáticos símbolos oníricos fue el empeño de muchos autores de libros de sueños, el primero de los cuales fue Antífones, filósofo contemporáneo de Sócrates, nacido a finales del año 400 a. de C.

En cuanto a riqueza de contenido, todavía no ha sido superado *El libro de los sueños,* una magnífica obra griega de cinco volúmenes de Artemidoro de Daldi (200 d. de C.), que apoyó su tesis con ejemplos tomados de todos los aspectos de la vida —recopilados en sus numerosos viajes a través de Grecia y de Oriente Próximo— y afirmó que los sueños componen símbolos con densos significados. Su trabajo principal fue sistematizar los símbolos oníricos. Esta recopilación de datos, sueños e intentos de interpretación y clasificación ofrece un panorama realmente sorprendente, fascinante por el periodo histórico en el que vivió el autor, quien, entre otras cosas, exhortaba al lector a desconfiar de quienes por lucro y provecho interpretaban sueños. En este sentido, Artemidoro anticipó en 17 siglos el camino científico de Freud.

Las teorías del sueño indagan sobre las causas del sueño, sus formas particulares y su relación con las otras funciones psíquicas. En las culturas griega y hebraica, los sueños se consideraban mensajes de advertencia enviados por un dios, y por esta razón, una vez entendido su significado simbólico, podían ser utilizados para la predicción. Durante el Imperio romano se difundieron libros sobre sueños que proponían sus interpretaciones. Los griegos, para vivir mejor y afrontar las adversidades de la vida, pedían ayuda a las divinidades —en particular a Hipnos y Oneiros, dioses del sueño (de soñar y de dormir, respectivamente)— por medio del rito adivinatorio de la incubación, heredado de la tradición romana. El rito tenía por objetivo la curación de la enfermedad de pacientes sometidos a un determinado procedimiento mágico, religioso y terapéutico (los pacientes que entraban en el templo eran incubados, es decir, adormecidos, puesto que era una condición necesaria para entrar en contacto con la divinidad curadora). El fin era que el dios mismo se apareciera, curara el mal o indicara la terapia. Algunos templos dedicados a Esculapio, dios de la medicina, acogían a pacientes que llegaban en peregrinación para recibir el sueño terapéutico. Paralelamente, hoy en día se acude al sacerdote para una bendición o un exorcismo, al mago o al brujo —y, por qué no, al psicólogo— para liberarse de las angustias y de los conflictos de la personalidad.

En un sentido muy general, el sueño calificado de premonitorio o profético no existe. En cambio, sí existe la posibilidad, en estado de vigilia o de sueño, de percibir acontecimientos futuros y de traducirlos, codificándolos simbólicamente en la trama del sueño. Durante el sueño, el tiempo ordinario parece revuelto, hasta el punto de que las imágenes oníricas se ordenan, se asocian analógica y libremente, y a menudo se funden unas con otras, con el resultado de una aparente confusión con respecto al significado del sueño mismo. El trabajo de interpretar consiste en desembrollar las imágenes oníricas, colocándolas en una perspectiva adecuada y dando un sentido a lo que aparentemente no lo tiene, hasta descubrir el significado profundo del sueño, que la mayor parte de las veces está relacionado con experiencias afectivas.

Pero volvamos a la historia. En 1900, el vienés Sigmund Freud (1856-1939) publica *La interpretación de los sueños*, que trata sobre los fantasmas que pueblan nuestras noches. Para Freud los sueños constituyen la vía regia que conduce al conocimiento del inconsciente, ya que son la parte de la vida psíquica normal y neurótica que refleja sus contenidos y sus procesos de forma más clara. El contenido manifiesto del sueño, es decir, la secuencia de imágenes que la persona que sueña percibe e intenta narrar, es una transformación sistemáticamente distorsionada del contenido latente, que consiste en aquellos impulsos, miedos, deseos e ideas que han provocado el sueño, como restos irresolutos de la actividad psíquica del día, y que están expresados por el sueño mismo.

La observación de los sueños de los pacientes realizada por Carl Gustav Jung (1875-1961) aporta una interpretación más amplia, que completa la visión freudiana. En efecto Jung descubre que los sueños no tienen una función meramente compensatoria, sino también una visión de perspectiva para la conciencia, en el sentido de que las imágenes oníricas a menudo anticipan una serie de acciones conscientes, como si en cierta manera fueran un ejercicio preparatorio o un proyecto ideado anticipadamente, premisa indispensable para su ejecución. Jung amplía la concepción misma del inconsciente, convirtiéndolo no sólo en el lugar de lo sobrante y reprimido, como pretendía Freud, sino también, y sobre todo, en el lugar en donde ocurren los sortilegios, el espacio de un imaginario rico en perspectivas y en creatividad para el yo. El sueño, pues, expresaría un proyecto, más o menos explícito, para identificar cada vez mejor el yo de la persona que sueña en el orden de sus propias capacidades como soñador.

Algunas veces, el contenido manifiesto del sueño puede mostrarse de un modo tan explícito y evidente que supera el aspecto psicológico de indagación de la personalidad y se presenta como una verdadera premonición, anticipando claramente hechos y experiencias destinados a producirse en la realidad.

Por otra parte, todavía está muy difundido el convencimiento genérico de que los sueños son un camino que lleva a poderes sobrenaturales. En la Europa occidental, la concepción de que los sueños reflejan la vida psíquica individual, especialmente los miedos, está muy arraigada desde la época de Shakespeare *(Macbeth)*.

La tesis específica según la cual los sueños están compuestos de un lenguaje particular que traduce un deseo fue formulada por René Descartes (1596-1650), al afirmar que el sueño transmite una orden divina.

En la segunda mitad del siglo XVIII, Lichtenberg recomendaba, en un estilo muy próximo a Jung, que se prestara atención a los sueños en calidad de toma de conciencia individual.

Tanto las teorías de Freud como las de Jung fueron elaboradas, perfeccionadas y enriquecidas por los posteriores descubrimientos en el campo de la psicología y de las ciencias neuronales. Gracias a tecnologías que permiten visualizar la actividad del cerebro durante el sueño, hoy en día sabemos, por ejemplo, qué sucede en nuestro sistema nervioso durante la actividad onírica. De todos modos, los sueños siguen siendo todavía un terreno fascinante envuelto en el misterio, y actualmente son ya muchos los estudiosos e investigadores que, en los ámbitos de la psicología, la antropología y las modernas ciencias neuronales, están especializados en el sueño y los sueños.

La fase Rem

Rem significa *rapid eye mouvements*, es decir, «movimientos oculares rápidos» que la persona realiza mientras sueña. Hasta los años setenta del siglo XX, se realizaba una distinción entre sueño y sueño paradójico, en el transcurso del cual los músculos están muy relajados, pero la actividad eléctrica es intensa. Este es el momento en que se sueña (la «paradoja» consiste en el hecho de que la persona que sueña se encuentra en un estado de relajación muscular, pero al mismo tiempo realiza una intensa actividad eléctrica cerebral, parecida a la del estado de vigilia). Posteriormente el sueño paradójico se definió como «sueño Rem», porque se caracterizaba por movimientos rápidos de los ojos.

Observando a una persona que está soñando, se puede apreciar que mueve los globos oculares rápidamente debajo de los párpados. Y si despertamos a la persona durante esta fase, generalmente afirma que estaba soñando. Los movimientos oculares rápidos se observan en la mayor parte de los mamíferos. Se deben al hecho de que el núcleo del nervio motor ocular está situado muy cerca de los centros nerviosos que inician la actividad del sueño Rem, en una parte del tronco cerebral llamada puente. Algunos autores sostienen que estos movimientos oculares están producidos casualmente por esta proximidad, mientras que otros piensan que tienen una razón de ser precisa: cuando los globos oculares se mueven debajo de los párpados, la retina puede registrar las variaciones de la luz que se filtra a través de los párpados, mientras que el cerebro no reacciona a la luz cuando se encuentra en la fase no-Rem. Los movimientos oculares rápidos serían, pues, un mecanismo para informar al cerebro de que la noche ha acabado y está empezando el día.

¿QUÉ SUCEDE EN EL CEREBRO MIENTRAS SE SUEÑA?

Contrariamente a lo que podríamos creer, la fase Rem corresponde a una intensa actividad cerebral. El cerebro, en lugar de «descansar», se halla en un estado de gran actividad. Utilizando técnicas que permiten visualizar la actividad cerebral, como la Pet (tomografía por emisión de positrones), se ha descubierto que durante el sueño las áreas cerebrales que participan en este fenómeno consumen más azúcares.

La actividad Rem: dos teorías opuestas

En el Instituto Nacional de Psicobiología del CNR de Roma, el profesor Alberto Oliverio estudia el sueño intentando descubrir sus utilidades y funciones propias. Oliverio afirma que el sueño, o mejor dicho la actividad Rem, tiene la función de «lubrificar» los circuitos nerviosos cuando disminuye el nivel de estímulos provenientes del cerebro o de los sentidos. La actividad Rem, por tanto, consolida los circuitos que tienen un papel importante para varias funciones, siendo la principal de ellas la memoria.

Otros psicobiólogos, entre los que figura el premio Nobel Francis Crick, consideran que la actividad Rem equivale a una «poda» de las sinapsis (estructuras que unen las células nerviosas) en exceso, con el consiguiente refuerzo de las que tienen una función importante y la eliminación de las superfluas. Las sinapsis se forman en pocos minutos, y esta actividad debe ser contenida para que sobrevivan solamente las estructuras realmente útiles.

Ambas teorías tienen un punto en común: la actividad Rem hace que el cerebro no descanse nunca y que en él se generen estímulos que recorren y consolidan los circuitos activados durante la vigilia.

La actividad es particularmente intensa en el puente (parte del tronco cerebral, en la base del cerebro), en el hipotálamo (donde se encuentran los centros que regulan el sueño y la vigilia durante las 24 horas) y en algunas áreas de la corteza del hemisferio derecho, que, también durante la vigilia, rige las funciones de visualización de las imágenes y de memoria de tipo autobiográfico.

El sueño Rem depende, entre otras cosas, de la activación de los centros del puente, compuestos por células que, para comunicarse entre sí, utilizan una molécula llamada noradrenalina. En efecto, los fármacos que interfieren en el metabolismo de la noradrenalina (por ejemplo, algunos antidepresivos) generalmente reducen el porcentaje de sueño Rem a lo largo de la noche.

Cuándo y cómo se sueña

LOS MOMENTOS DEL SUEÑO EN LOS QUE SE SUEÑA

¿Cuáles son los momentos del sueño en los que se sueña? El sueño está ligado predominantemente a la fase Rem: a lo largo de una noche se produce una media de cuatro o cinco ciclos de sueño Rem, que tienen una duración total de 90-120 minutos. Consiguientemente, en el transcurso de una noche, un individuo sueña poco más de una hora y media, aunque hay diferencias notables entre individuos y entre cada noche.

La actividad onírica tiene un funcionamiento típico: la persona empieza a soñar cuando se duerme y tiene el último sueño cuando se despierta. Entre el primer y el último sueño se producen otras

---

Soñar demasiado, o muy poco

¿Puede suceder que a causa de una lesión cerebral una persona no sueñe? Es más fácil que ocurra lo contrario. Algunas lesiones cerebrales, ligadas sobre todo a enfermedades como la meningitis y la encefalitis, inducen a estados de somnolencia y de narcolepsia, es decir, a una excesiva tendencia a dormir y a soñar, asociadas a una capacidad de despertarse escasa.

La falta de sueño —y de sueños— es una situación muy poco habitual que, por lo general, depende de la toma de fármacos. Hay psicofármacos estimulantes, como las anfetaminas, que aumentan el estado de vigilia y se oponen al estado de sueño. No obstante, en estos casos los sueños —o, mejor dicho, las alucinaciones— pueden «irrumpir» estando el individuo despierto, creando así una disociación entre dormir y los sueños. Algo parecido puede ocurrir cuando se lleva días sin dormir: de pronto aparecen ondas cerebrales rápidas, parecidas a las del sueño Rem, en oposición al ritmo normal encefalográfico del estado de vigilia. En este caso se pueden producir breves alucinaciones y luego episodios de soñar despierto. Por el contrario, los fármacos antidepresivos pueden reducir la actividad Rem, hasta casi eliminarla. En tal caso dormir no repone como debiera, aunque la falta de actividad Rem y la consiguiente reducción de los sueños no tienen los efectos negativos que tiempo atrás se les atribuía.

fases Rem. El sueño tiene lugar, predominantemente, cuando se sale del llamado «estadio IV», una fase de sueño profundo, y se entra en la fase Rem.

Actualmente se sabe que los sueños también se producen en otras fases del sueño, especialmente en los niños.

¿CUÁNTO DURA UN SUEÑO?

Como hemos dicho, se sabe que, a lo largo de una noche, se alternan, en el adulto, cuatro o cinco ciclos de sueño Rem que suman una duración total de 90-120 minutos, y que en el curso de una noche, o de un mismo ciclo Rem, se pueden producir varios sueños. Es más, un episodio onírico puede producirse en un tiempo muy breve, incluso de pocos segundos. No existe relación entre la dimensión temporal de la vigilia y la del sueño: se ha observado que un estímulo sensorial (un sonido, la presión de la mano contra un objeto, una llamada) puede hacer que la persona que duerme y sueña se despierte al cabo de pocos instantes. Sin embargo, ha tenido un sueño que le resulta extraordinariamente largo. Por ejemplo, si se llama por su nombre a la persona que duerme y esta se despierta, puede contar que ha tenido un sueño complejo, que acaba o empieza con una voz que pronuncia su nombre. En definitiva, hay un tiempo relativo del sueño diferente del tiempo real de la vigilia.

¿POR QUÉ UNAS VECES LOS SUEÑOS SE RECUERDAN Y OTRAS NO?

Se recuerdan más las pesadillas, o los sueños agitados, que los agradables. Y también se recuerdan más los sueños recurrentes, es decir, los que se presentan con frecuencia en noches sucesivas. En realidad, nuestra tendencia a recordar más o menos los sueños depende de la atención que prestamos a nuestra vida nocturna. Prueba de ello es que en las culturas en las que se cree que el sueño puede prever el futuro, este se recuerda. Y también quien presta más atención a su psique recuerda más sus sueños.

Recordar los sueños, sin embargo, también es una cuestión de práctica. Una técnica para entrenarse consiste en anotar lo que nos ha quedado en la memoria en cuanto nos despertamos. En un par de semanas la capacidad de recordar mejora en cantidad y calidad.

¿POR QUÉ A VECES SE HABLA MIENTRAS SE SUEÑA?

Si el sueño tiene una carga emotiva fuerte, o incluso si es una pesadilla, la persona puede balbucear, murmurar, gritar o llorar. En este aspecto, existen grandes diferencias individuales y de edad. Son especialmente los bebés y los niños pequeños quienes presentan el «sueño agitado», una actividad Rem acompañada de movimientos de las extremidades, del cuerpo, y de una fuerte activación del sistema nervioso autónomo (reflejos involuntarios), que se traduce en enrojecimiento o palidez, sudoración y taquicardia. Dicho de otro modo, durante la actividad Rem pueden estar estimuladas varias partes del sistema nervioso, y este estado de excitación puede comportar la estimulación de los centros cerebrales que controlan el movimiento o el lenguaje. Las palabras que se pronuncian no tienen por fuerza una relación con el sueño y, con frecuencia, dependen de la activación generalizada del cerebro.

¿QUÉ SIGNIFICAN LOS SUEÑOS RECURRENTES?

Los sueños recurrentes llaman la atención sobre las preocupaciones, las ansias y los deseos que no han sido elaborados y que, durante la noche, continúan llamando a la puerta del inconsciente. Estas emociones se manifiestan de manera simbólica precisamente a través de estos sueños, con el objetivo de hacer reflexionar al individuo sobre aquel estado de ánimo concreto. Cada uno de nosotros ha experimentado a lo largo de su vida una época de sueños recurrentes, posiblemente en momentos de cambio o de dificultades.

¿POR QUÉ SE TIENEN PESADILLAS?

Las pesadillas tienen una función psicológica precisa: sirven para expresar los miedos reprimidos durante el día, para revelar un estado de ansiedad ante algo que, a nuestro parecer, podría suceder. De noche, cuando las defensas de la racionalidad están bajas, los miedos encuentran menos obstáculos y entonces afloran las pesadillas. También es cierto que algunas situaciones físicas, por ejemplo una indigestión, pueden propiciar las pesadillas. La causa principal de los malos sueños debe buscarse siempre en nuestra psique.

Los sueños lúcidos

El sueño lúcido tiene lugar cuando el individuo tiene conciencia de estar soñando. Es la capacidad de estar lúcido, como si se estuviera despierto, en medio de un sueño, entendiendo que la experiencia que se está viviendo no forma parte de la realidad física sino de la realidad mental. La teoría del sueño lúcido fue formulada en los años setenta por un grupo de investigadores de la Stanford University, en Estados Unidos. Según estos científicos, el sueño lúcido se puede inducir mediante técnicas específicas y sirve para utilizar recursos del inconsciente que, a menudo, no son asequibles durante el estado de vigilia a causa de las barreras que crea la mente racional, que, para solucionar los problemas, tiende a seguir siempre los mismos recorridos, abandonando posibilidades alternativas.

Según esta teoría, el sueño lúcido permite aumentar la creatividad. Sin embargo, es un planteamiento que suscita todavía bastante controversia. Es cierto que hay casos —raros— de personas capaces de revisar, mientras sueñan, un problema que les inquieta, manteniendo una cierta lucidez. En otros casos, durante el sueño pueden aparecer soluciones a los problemas —soluciones lógicas— que no han encontrado respuesta durante la vigilia. Muchos son reacios a aceptar que nuestra mente pueda producir soluciones de modo «inconsciente» o, por lo menos, fuera del rígido control de la conciencia. Sin embargo, se conocen muchos casos que indican que la solución de un problema puede aparecer de forma repentina, a veces incluso durante un sueño.

Albert Einstein resumió esta estrategia creativa diciendo que «los científicos creativos son los únicos que pueden acceder a sus propios sueños», con lo cual seguramente quería decir que las personas creativas saben deshacerse de los vínculos impuestos a la imaginación por un exceso de lógica o, por lo menos, por la repetición de una serie de pasos replicados pasivamente.

Frecuentemente el bloqueo de la creatividad depende del hecho de que no escuchamos los mensajes «heréticos», en oposición con nuestro «estilo cognitivo», es decir, el estilo con el que estamos acostumbrados a razonar. Por ejemplo, si el químico August Kekulé, que se esforzaba desde hacía tiempo en definir la estructura química de la molécula del benzeno, no hubiese prestado atención a una extraña imagen que se le había aparecido en un sueño, una serpiente que se mordía la cola, no habría tenido la sospecha repentina de que el ben-

El sueño terapéutico

Según Mauro Mancia, socio de la Sociedad Psicoanalítica Italiana y profesor de fisiología de la Universidad de Milán, soñar es fundamental para la salud mental. En el sueño se produce una dramatización, una especie de escenificación, de una serie de estados de ánimo y de emociones que dan vida a un verdadero teatro privado, cuyos personajes son los «fantasmas» que habitan el inconsciente y que «actúan» siguiendo un guión completamente libre. Pueden permitirse decir lo que quieren y expresar ideas y sentimientos sin las inhibiciones y las constricciones impuestas por la racionalidad. En este sentido, el sueño es extraordinariamente terapéutico, por el simple hecho de haber sido «soñado» (y no por ser contado). Es más, en general los sueños no suelen contarse, a no ser que se esté siguiendo una terapia psicoanalítica. En tal caso, el terapeuta pide al paciente que le cuente los sueños que ha tenido, para interpretarlos con él y poder disponer de un importante instrumento para conocer la psique, consciente e inconsciente.

El sueño, en definitiva, ayuda a conocerse a uno mismo, a proyectar en una pantalla angustias y miedos, y, por consiguiente, ayuda a superarlos. Lo que nos asusta y nos provoca ansiedad es lo que no conocemos, el «lado oscuro» de nuestra mente poblada de fantasmas. El sueño es, pues, una especie de autoterapia contra la ansiedad. Luego, si se pide consejo a una psicoterapeuta, las ansiedades pueden ser comprendidas, reconducidas hasta descubrir sus razones y redimensionadas.

zeno pudiera tener una estructura cíclica, formada por un anillo compuesto de seis átomos de carbono.

Para qué sirve soñar

J. Allan Hobson, en su libro *Cerebro que sueña*, concluye planteando varias hipótesis sobre las funciones de los sueños e identifica por lo menos dos:
- **Funciones neurológicas,** que consisten sobre todo en mantener activos los mecanismos del cerebro, para facilitar el desper-

tar en cualquier momento. De hecho, si no hubiera una cierta actividad mental que mantuviera el cerebro en ejercicio, nos costaría mucho despertarnos de esa especie de «coma» provocado por el hecho de dormirse.

- **Funciones psicológicas,** que son importantes para gestionar y reordenar la memoria. Cada día se acumula una cantidad considerable de material mnéstico que forma parte de la experiencia más reciente, y este material es reelaborado *(processed)* por el trabajo onírico durante la noche. La psicofisiología ha descrito algunas funciones de este trabajo onírico. En el caso de que se admita una distinción entre memoria a corto plazo y memoria a largo plazo, los sueños permiten la consolidación en la memoria a largo plazo de los elementos de la experiencia. Desde un punto de vista teórico más amplio, se puede afirmar que una función del sueño es establecer una relación más orgánica entre la experiencia más reciente y las cogniciones más depositadas en la memoria a largo plazo, que forman nuestra personalidad psicológica y nuestra identidad. Sin embargo, es cierto que la privación de dormir, y eventualmente de soñar, es una característica no secundaria de la sociedad contemporánea, hasta el punto de que se ha convertido en una patología generalizada. Un capítulo del libro *The Mind in Sleep,* de Ellman y Antrobus, está dedicado precisamente a los desórdenes del sueño que afectan a los americanos, que pueden ir desde la interrupción de los ritmos biológicos de la vigilia y del sueño hasta el insomnio persistente. Estos desórdenes, además de ser una causa frecuente de accidentes de tráfico y laborales, debido a distintas desatenciones, provocan alteraciones del humor en la población más joven y depresión en la más vieja, que tiene problemas para descansar. Es más, las preocupaciones y la ansiedad alteran los sueños de los niños, que se despiertan por pesadillas y miedos, y los sueños de los adultos, preocupados por visiones que presagian un futuro amenazador.

Mientras se sueña, los ojos se mueven continuamente debajo de los párpados cerrados, como si quien sueña estuviera perdido en una experiencia misteriosa, emocionante y extraordinariamente íntima. Pero, al mismo tiempo, la musculatura está completamente relajada. Lo extraño es que, con el paso de los años, las fases del sueño con relajación corporal completa se reducen en relación con la duración total del sueño. Así, por ejemplo, en un individuo de veinte años ocupan solamente una quinta parte del sueño total.

Psicoanálisis e interpretación onírica

El sueño es un lenguaje figurativo, pero cifrado, y también el taller de reparación del alma. Sin embargo, el significado de los sueños es distinto de lo que representan. Freud negó la función profética de los sueños, pero les atribuyó un fuerte carácter simbólico. En ellos vio una representación codificada de conflictos profundos de la persona que sueña, que a veces tienen una esencia tan penosa que no podrían ser formulados de ninguna otra manera que no fuera a través del lenguaje simbólico del sueño.

Para la elaboración de esta teoría, Freud se basó en la interpretación de los sueños que le contaban sus pacientes. Analizando las representaciones aparentemente sin sentido que se desarrollaban cada noche en sus inconscientes, descubrió el esquema de una estructura del sueño, una serie de reglas ocultas que se encadenaban con un objetivo muy concreto.

El fundador del psicoanálisis, que solamente podía indagar sobre la naturaleza de los sueños a través de fragmentos de sueños recordados ocasionalmente y no en relatos seguros, llamó al sueño la vía maestra del inconsciente.

El psicoanalista y filósofo Erich Fromm (1900-1980), por el contrario, definió el sueño como la expresión de las actividades más elevadas del alma, y también de las más ínfimas. Según Fromm, los sueños, y por tanto dormir, compensan muchas tensiones del inconsciente: los sueños de contenido angustioso y las pesadillas aparecen cuando hay conflictos; los sueños agradables, en cambio, se dan en estado de fatiga física.

Es extraordinariamente difícil condensar los beneficios que la psicología moderna, en particular el psicoanálisis, ha atribuido y atribuye a los sueños. Después de la publicación de la monumental *La interpretación de los sueños* de Freud, la literatura sobre el tema reúne centenares de volúmenes y miles de ensayos y artículos. Una obra excelente es *Psicoanálisis de los sueños*, de Ángel Garma, publicada en 1974 y que aporta una bibliografía de 50 páginas aproximadamente de títulos de libros que tratan sobre los sueños. Hoy en día no bastaría un libro de 200 páginas para clasificar todas las publicaciones y los trabajos sobre el sueño y los sueños.

Como ya hemos dicho, la fase de los sueños tiene una importancia vital para la persona. Los sueños son indispensables para dormir de forma sana, aunque la mayor parte de ellos se haya olvidado antes de despertar. Un experimento realizado con voluntarios ha demostrado que las personas a quienes se les priva sistemáticamente de las fases del sueño desarrollan al cabo de un par de noches un estado de inquietud creciente, pierden reflejos y muestran una necesidad extrema de recuperación, hasta el punto de que las fases del sueño se prolongan más de lo normal. Es evidente que los sueños sirven para descargar las tensiones psíquicas que el individuo acumula a lo largo de la jornada. Soñar debe ser considerado más que un simple guardián del dormir; es el guardián de la vida psíquica, de la misma manera que el sueño ortodoxo es el guardián de la salud física.

Por otro lado, en los sueños se cumplen deseos que durante la vigilia son irrealizables. Por ejemplo, durante un periodo de dieta adelgazante, la persona puede soñar que come pollo asado o que se encuentra ante mesas llenas de ricos manjares. El inconsciente codifica la realización de estos deseos inapropiados y el resultado son sueños aparentemente absurdos o carentes de significado. Como el sueño de una niña de cuatro años, que se ve volando montada en un cisne por encima de un mar tempestuoso y luego se precipita al suelo, y de repente se encuentra en una playa tumbada en un cojín. A primera vista podría parecer una secuencia sin sentido, pero en realidad revela el ansia que siente la niña debido a la situación conflictiva de los padres, que están en proceso de separación, y, en particular, el ansia referida a su precaria situación personal por la incertidumbre de ser confiada bien al padre, bien a la madre. De hecho, la niña, conscientemente explica que le preocupa y le desorienta la situación familiar en la que se encuentra inmersa. En definitiva, el sueño sirve también para resolver situaciones conflictivas y para aplacar problemas que surgen durante el día, pensamientos que si no aparecieran en forma de sueño harían estar despierto.

Otro ejemplo de sueño que calma la ansiedad es el de Federico, un niño de siete años que cursa primero y está preocupado por las calificaciones. El peso de los estudios agobia al niño, que, pese a todo, logra dormir, pero sueña que la maestra le pregunta y él responde exactamente a todas sus preguntas. Para mayor tranquilidad, en el sueño la maestra aparece representada

Los mecanismos de deformación del sueño

Los procesos de alteración más frecuentes son:
- *la condensación de los significados:* uno, dos o más elementos fundidos conjuntamente;
- *el desplazamiento del acento:* lo que parece muy importante no lo es, y viceversa;
- *la representación por el contrario:* una cosa puede significar su opuesto;
- *la proyección:* se atribuyen a otros determinadas intenciones o tendencias que no se quieren reconocer como propias;
- *el simbolismo:* a partir de la experiencia se sabe, por ejemplo, que una casa puede representar un mujer o que salir de un subterráneo puede simbolizar venir al mundo.

como una persona comprensible y afable, hecho que no guarda ningún parecido con la protagonista de la realidad escolar de Federico. En este caso, el sueño intenta obtener un desahogo, una descarga, respecto a una excitación o estímulo, ya sea físico, ya sea psíquico.

Supongamos que el oído de un niño de cinco años, durante el sueño, recibe el estímulo del sonido de un timbre. Si no existiese la válvula del sueño, el niño no tendría otra opción que despertarse. En cambio, soñar con el redoblar de las campanas dominical o bien con Campanilla, el personaje del cuento de Peter Pan que al moverse suena a campanillas, permite al niño insertar el sonido en su sueño y, por consiguiente, puede seguir durmiendo.

Los sueños —naturalmente influenciados por las experiencias personales y por la estructura psíquica de cada individuo— aportan pistas muy valiosas sobre los aspectos ocultos de la vida, sobre el carácter de cada uno y también sobre las neurosis. Son, por decirlo de algún modo, una especie de vitamina del dormir y representan un importante remedio terapéutico. No existe ningún método para interpretar correctamente los sueños, pero sí hay un modo de entender los sueños que conmueven directamente a quien sueña, gracias al cual logra entender mejor sus propios sueños y entenderse mejor a sí mismo.

Cómo profundizar en el conocimiento del mundo de los sueños

La función onírica del sueño puede ser guiada, ya que responde a una serie de métodos psicológicos basados en la sugestión. Las razones por las cuales es útil guiar la función onírica son dos:

• para favorecer la realización de algunos propósitos, porque ayuda a canalizar la concentración y la voluntad;

• para mejorar el sueño, porque si se tiene la tranquilidad de evitar una pesadilla, es más fácil abandonarse a la relajación nocturna.

Conocer más a fondo el mundo de los sueños favorece una comprensión mejor de nosotros mismos y de nuestros seres queridos. De ahí la importancia de enseñar a los niños, desde pequeños, a prestar atención a los sueños.

A continuación, veremos cuáles son los pasos que deben seguirse para valorar los sueños (los propios y los de nuestros hijos) como parte del individuo y como elementos fundamentales para permitir una comprensión psicológica de la realidad:

• antes de dormir, se debe repetir (o hacer repetir) la frase: «Quiero recordar mis sueños». La experiencia confirma que esta técnica de sugestión muchas veces tiene éxito;

• la persona que se dispone a dormir también puede proponerse soñar con personas y cuestiones de particular interés. Es una tentativa de manipular, por medio de la voluntad, la posibilidad de acuerdo entre inconsciente y conciencia, con la ayuda de técnicas como el *training* autógeno y, sobre todo, la dinámica mental;

• resumir los sueños en pocas frases condensadas, seguidas de algunas preguntas. Por ejemplo: ¿Qué me (te) recuerda, o mejor representa, la manzana que he (has) soñado? ¿En qué situación he (has) visto o comido la manzana? ¿Quién estaba junto a mí (ti)? Y así sucesivamente. También es útil escribir el sueño, ya que la transcripción permite aclarar el contenido, y, además, el hecho de conservar varios escritos sirve para compararlos y ver si el problema real aparece en todos los sueños;

• es importante recordar siempre el estado de ánimo que acompaña a los sueños (nerviosismo, angustia, miedo, alegría, rabia). El humor al despertar está influenciado por el último sueño, de igual forma como parecen estarlo las tensiones psicosomáticas;

• tener conciencia de los símbolos que aparecen en los sueños, para entender la referencia a un dato de la realidad: un erizo puede representar un problema espinoso, tres personas pueden fundirse en una (con el rostro de un amigo, pero con el pelo de otro y las manos de un tercero), etc. Por lo general, los sentimientos y el estado emotivo están representados por imágenes y acciones en la trama del mismo sueño, pero a veces conviene extrapolar la esencia que quiere ser representada, porque el relato, por el contrario, podría parecer confuso y carente de sentido.

El sueño manifiesto y el contenido onírico

La experiencia subjetiva que aflora a la conciencia mientras se duerme, y que al despertar se define como sueño, es solamente el resultado final de la actividad psíquica inconsciente que tiene lugar mientras el individuo duerme. Esta actividad, por su propia naturaleza o por la intensidad que adquiere, amenaza con interferir en el mismo dormir. Así, el individuo que duerme, en lugar de despertarse, sueña.

La experiencia consciente vivida durante un sueño, que el individuo puede recordar o no una vez despierto, recibe el nombre de «sueño manifiesto», y los elementos que lo forman se llaman «contenido onírico manifiesto». En cambio, los pensamientos y los deseos inconscientes que intentan despertar al individuo que duerme se definen como «contenido onírico latente». Las operaciones psíquicas inconscientes mediante las cuales el contenido onírico latente es transformado en el sueño manifiesto, son el «trabajo onírico».

Soñar es, pues, todo el proceso (o fenómeno) cuyas partes son el contenido onírico latente, el trabajo onírico y el sueño manifiesto.

El contenido onírico latente debe analizarse a partir de:

● las impresiones sensoriales de la noche, es decir, los ruidos y sonidos más o menos familiares que pueden entrar en relación con la actividad onírica y caracterizar el sueño;

● los pensamientos e ideas conectados a las actividades y las preocupaciones vitales que quien sueña gestiona normalmente es-

tando despierto y que permanecen activas inconscientemente durante el sueño;
- el subconsciente, que Freud define como uno o varios impulsos del ello. Freud llama ello a una de las tres instancias psíquicas (las otras dos son el yo y el superyó), fuente de las manifestaciones de la vida instintiva. El ello es la reserva de la energía psíquica, y sus contenidos, expresión de las pulsiones, son inconscientes.

Según los sueños, la relación entre contenido onírico latente y el sueño manifiesto puede ser simple o compleja. En cualquier caso, hay un elemento constante: el contenido latente es inconsciente, mientras que el contenido manifiesto es consciente. La relación más simple posible entre ambos sería que el contenido latente se volviera consciente, y es posible que esto se produzca en el caso de estimulaciones sensoriales durante el sueño.

En el caso de los sueños de la primera infancia, el contenido onírico latente origina, por medio del trabajo onírico, un sueño manifiesto, que no es más que la fantasía de la satisfacción del impulso, o deseo, que constituye el contenido latente. El individuo que sueña vive dicha fantasía en forma de impresiones sensoriales. Sin embargo, en la mayor parte de los casos, el contenido manifiesto de un sueño de la vida adulta constituye la versión disfrazada y deformada de una particular fantasía de realización de un deseo, vivida predominantemente como imagen visual o como series de imágenes visuales. El disfraz y la deformación a menudo están tan marcados que el aspecto originario del sueño de realización de un deseo resulta irreconocible.

En efecto, el sueño manifiesto a veces no es más que un revuelto de fragmentos aparentemente sin relación, y que ni mucho menos representan la realización de un deseo. En otras ocasiones, por el contrario, el disfraz y la deformación actúan en tan alto grado que el sueño manifiesto se vive como una experiencia espantosa, en lugar de conservar aquel carácter agradable que se debería esperar de la fantasía, de la realización de un deseo.

El trabajo onírico «crea» los disfraces y las transformaciones que constituyen los aspectos tan evidentes de los sueños manifiestos del final de la adolescencia y de la edad adulta.

Segunda parte

El sueño y los sueños de los niños

Estrategias para pasar una buena noche

El ritmo sueño-vigilia en el bebé y en el niño

Los recién nacidos no diferencian entre el día y la noche, y necesitan comer a menudo, a intervalos de tres o cuatro horas, sin tener en cuenta el momento del día. Sus numerosos despertares están pautados por la sensación de hambre y de saciedad, pero parece que están determinados genéticamente.

El niño duerme por ciclos que se repiten regularmente durante la noche; la duración y la estructura de dichos ciclos varia con la edad. El ciclo del sueño del niño es mucho más corto que el del adulto, y el niño, durante los primeros meses de vida, tiene una cantidad mayor de sueño ligero que el adulto. En el recién nacido, un ciclo está constituido por una primera parte de sueño activo, o sueño Rem, y por una segunda parte de sueño calmado, o sueño no-Rem. En los dos primeros meses, un ciclo dura 50 minutos aproximadamente y está distribuido igualmente en las 24 horas. La sucesión de tres o cuatro ciclos permite un sueño de tres o cuatro horas consecutivas. A lo largo de las 24 horas se suceden 18-20 ciclos de sueño sin una periodicidad diurna o nocturna. A los seis meses, los ciclos duran 70 minutos y se concentran principalmente en las horas nocturnas; a esta edad ya se empieza a diferenciar el sueño no-Rem en una fase más ligera y otra más profunda. Luego los ciclos se alargan gradualmente, hasta llegar a los 90-120 minutos, y en un sueño normal de adulto de ocho horas de duración se producen unas cuatro o cinco veces cada noche.

En el sueño activo el niño presenta movimientos de los ojos y expresiones del rostro innatas, como miedo, sorpresa, enfado y alegría expresada con grandes sonrisas, todo ello signo de una actividad cerebral ligada al aprendizaje de las emociones y de la capacidad de comunicar; también puede darse algún sobresalto. En el sueño calmado, el niño apenas se mueve, su rostro es poco expresivo y no realiza movimientos oculares, aunque se pueden observar movimientos de succión.

A veces, puede ocurrir que el niño emita sonidos, y los padres pueden creer que está despierto, cuando no es así. Un niño está despierto cuando está calmado, tiene los ojos bien abiertos, sigue con la mirada y quiere comunicar (vigilia calmada), o bien cuando gime, hace muecas, mueve los brazos y las piernas, se acurruca y quizá llora con un llanto fuerte y difícil de consolar (vigilia activa).

Existen grandes diferencias individuales, pero ya a esta edad se puede valorar si el niño será de dormir poco o mucho. Algunos niños duermen 20 horas, mientras que a otros les bastan 14; algunos empiezan a dormir de forma continuada durante la noche, otros se despiertan cada 30-60 minutos.

Conviene tener presente que, además, hoy en día los niños probablemente duermen menos que hace unos decenios. Un estudio reciente que ha sido realizado en Roma ha demostrado que los niños duermen menos de lo que las normas internacionales consideran normal.

Durante los primeros meses de vida, el niño estructura y define su propio ritmo circadiano de manera gradual, sin variaciones bruscas ni modificaciones súbitas. Si valoramos el desarrollo del sueño, veremos que las modificaciones más importantes tienen lugar en los seis primeros meses de vida (a partir de entonces las variaciones son mínimas):

• entre uno y seis meses aparece una periodicidad día-noche, la vigilia se distribuye entre el final de la tarde y la noche, y se producen modificaciones progresivas de los ritmos circadianos de la temperatura, de la actividad cardiaca y respiratoria y de las secreciones hormonales; dormir madura en el plano electroencefalográfico y se estructura de manera similar a la del adulto;

• entre los cuatro y los seis meses un niño puede empezar a dormir hasta seis horas seguidas durante la noche, es capaz de estar más rato despierto durante el día y empieza a estar influenciado por el ritmo luz-día. La cantidad total de sueño es de 12-14 horas y se distribuye predominantemente en las horas nocturnas. El primer signo de un ritmo circadiano es la aparición de una larga fase diaria de vigilia entre las cinco de la tarde y las diez de la noche; frecuentemente es una vigilia agitada con llanto incoercible, y se reconoce en forma de hambre o dolor abdominal;

- entre los seis meses y los cuatro años el tiempo de sueño se reduce progresivamente hasta 10 o 12 horas, entre sueño nocturno y diurno, y aumenta la vigilia; al año, el niño duerme 13 horas; y entre los tres y los cuatro años, 12 horas. Se pasa de las tres o cuatro dormiditas diarias que el niño hace a los seis meses, a las dos de los doce meses, y luego a una sola por la tarde, un poco más larga, a los dieciocho meses;
- alrededor de los nueve meses se produce un aumento del despertar nocturno entre las nueve y las doce de la noche, y entre las tres y las seis de la madrugada (el 84 % de los niños se despierta al menos una vez), que se mantiene hasta los dos o tres años. Esto ocurre porque, a medida que el niño va tomando conciencia del mundo que le rodea, los estímulos externos pueden comenzar a molestarlo durante la noche, y su fantasía, que de noche se traduce en sueños y pesadillas, puede empezar a interrumpirle el sueño;
- el periodo entre los cinco y los doce años es el del mejor sueño y de más capacidad para estar despierto y atento. El sueño evoluciona hacia el modelo adulto, con una duración de ocho a nueve horas y media. La estructura del sueño es más estable y desaparece el sueño diurno. El niño se duerme rápidamente y la hora de dormir se va retrasando, mientras que la hora de despertarse se mantiene;
- durante la adolescencia el sueño dura ocho o nueve horas, aunque los ritmos están influenciados por las costumbres sociales. Si el tiempo destinado a dormir se reduce en dos o tres horas, se produce un débito de sueño asociado a un aumento fisiológico de la somnolencia diurna en relación con las modificaciones hormonales, y reaparece la siesta (en el 23 % de los adolescentes de entre 15 y 18 años).

¿Por qué los niños duermen tanto?

Una de las funciones del sueño en el niño es la maduración del cerebro. Mientras duerme el organismo fabrica unas hormonas fundamentales para el crecimiento, se consolidan las informaciones recibidas durante el día y se aprende. El bebé es un ser extraordinario que vive en un estado de aprendizaje continuo. Su elevada necesidad de dormir es paralela al intenso crecimiento propio de su edad.

> **La fase de los sueños en los niños**
>
> Un niño pequeño no sólo duerme más que un adulto, sino que también sueña más, el doble aproximadamente. El niño sueña incluso en la fase de somnolencia o de sueño ligero, y por eso la frontera entre la vigilia y el sueño a veces es incierta. Esto explica por qué un niño, cuando se despierta, puede tener la impresión de estar sumergido todavía en su mundo onírico (D. Marcelli, *Psicopatología del niño*).

En definitiva, el ritmo sueño-vigilia del niño en los primeros meses de vida es muy diferente del ritmo del adulto. Durante los primeros meses, el niño no conoce la diferencia entre el día y la noche, y su ritmo vital es independiente del ambiente que le rodea. Está regulado por las necesidades internas relacionadas con el hambre y la sed, y dura alrededor de dos horas y media. Vivir con un niño de pocos meses implica adaptar el ritmo al suyo, y no, por el contrario, intentar resistir o modificar sólo algunos hábitos para continuar haciendo las cosas que se hacían antes. Durante los primeros cuatro meses, el ritmo de la madre debe ajustarse al de su hijo, mientras que a partir de los cuatro meses va ocurriendo poco a poco lo contrario, con la adaptación por parte del niño al ritmo que le es marcado desde el exterior. Los hábitos regulares le ayudan a sincronizar el ritmo endógeno con el externo y a concentrar el sueño en las horas nocturnas. Es un proceso que representa una etapa fundamental en su desarrollo.

Cabe recordar también que dormir bien es una condición que se aprende en los primeros meses de vida. Por lo tanto, si los padres saben cómo se organiza el sueño del niño podrán entender y adaptarse mejor a su ritmo, y estarán en condiciones de saber cuándo debe ser modificado y cuándo respetado. Aunque es cierto que el mundo en el que vivimos no nos ayuda demasiado...

LAS FASES CLAVE DEL DESARROLLO PARA LA ADQUISICIÓN DE UN BUEN SUEÑO

Hay dos momentos en el desarrollo del niño que son fundamentales para la adquisición de un ritmo circadiano correcto y un sueño de calidad:

• a los tres o cuatro meses, cuando el niño empieza a percibir la influencia de los estímulos ambientales y se adapta progresivamente al ciclo luz-oscuridad de 24 horas. Durante este periodo debe ser expuesto a la luz solar durante el día y, por el contrario, se le debe proporcionar un ambiente de penumbra u oscuridad por la noche; deben reducirse los estímulos externos (a menudo, sin embargo, las últimas horas del día, al regresar el padre y la madre del trabajo, se convierten en una ocasión de excitación y de juego) y es necesario establecer un horario fijo para acostarse y para despertarse;

• a los ocho o nueve meses, cuando aparece la angustia por lo extraño y aumenta la ansiedad por la separación. Esta fase va acompañada de un aumento fisiológico de los despertares.

Una curiosidad científica: atención al sueño de los niños

Aprender durmiendo, esta es la nueva frontera en el terreno del aprendizaje neonatal. Según un estudio reciente realizado en la Universidad de Turku, en Finlandia, mientras duermen, los recién nacidos son capaces de absorber, y, por tanto, de aprender, varios tipos de nociones e informaciones, especialmente las que están ligadas a la esfera del lenguaje.

Estos investigadores finlandeses han efectuado una serie de experimentos con tres grupos de 15 niños cada uno de edades comprendidas entre uno y siete días. En cada grupo sometido al test se midió la actividad cerebral de sus componentes y sus variaciones al recibir el estímulo de determinados sonidos, o su ausencia. Al primer grupo de 15 bebés se les hizo oír sonidos repetidos de vocales en tres momentos consecutivos: de noche, al día siguiente durante el sueño matutino, y durante la noche siguiente. El resultado fue una variación de la actividad cerebral ante los diferentes sonidos. Además, los resultados se constataron ya después de la primera noche de experimento. De los otros dos grupos que participaron en el experimento, uno fue sometido a sonidos no específicos y al otro no se le hizo escuchar sonido alguno. Pues bien, en ninguno de los dos casos se registró ninguna variación en la actividad cerebral. Esto vendría a confirmar las hipótesis de los investigadores según las cuales las informaciones relativas al lenguaje son las que los bebés más absorben mientras duermen.

PROFUNDIZACIÓN

Cómo inducir el sueño

La incidencia de alteraciones del sueño en la infancia se da en uno de cada tres niños. Y un niño que padece trastornos del sueño, raramente los sufre solo, ya que involucra a toda la familia, que acaba perdiendo el sueño. Para un niño pequeño dormirse significa separarse de la madre y el padre, perderlos de vista, y ello le puede inducir a intentar resistir despierto lo máximo posible. Para tranquilizarlo, puede ser útil crear un ritual de buenas noches que deberá repetirse todas las noches. La repetición de palabras y gestos iguales es un refuerzo que asegura al pequeño que todas las noches están papá y mamá, que le dan las buenas noches, que lo miman y que, a la mañana siguiente, están allí para darle un abrazo e iniciar un nuevo día.

Es aconsejable mantener en la medida de lo posible el mismo horario todas las noches, acompañarlo a la cama, cantarle una canción, contarle un cuento o bien recordar lo que ha hecho durante el día o lo que hará al día siguiente. No importa que el niño sea demasiado pequeño para entender: lo que cuenta es la voz tranquilizadora del padre o la madre que se dedican a él y le alejan los miedos.

Errores comunes o creencias equivocadas de los padres

- Pensar que todos los niños son iguales.
- Acostar al niño ya adormecido.
- Jugar y estimular excesivamente al niño por la noche.
- Dejar que el niño llore solo.
- No fiarse del instinto maternal o paternal.
- Considerar que la alteración del sueño del niño es normal e inevitable, y típico de la sociedad occidental.
- Creer que la alteración del sueño es el reflejo de una necesidad del niño, como comer o ser consolado.
- No saber que las técnicas basadas en la extinción (dejar llorar al niño) son perjudiciales; además, van contra el instinto maternal o paternal.

Breve vademécum para noches tranquilas

Cómo ayudar al niño a acostumbrarse a un ritmo de sueño regular

Ante todo debemos plantear una premisa. Los consejos, en sí mismos, ayudan a reflexionar sobre el tipo de vida y los hábitos familiares. Hace falta, por tanto, transportar las observaciones que se harán a continuación a cada situación concreta. Luego hay que valorar las reacciones del niño, antes de dar por buenas algunas costumbres o de modificar otras. Lo que es válido para la mayoría no siempre está indicado para una situación particular. Veamos una serie de sugerencias.

- Recordar al niño con una cierta antelación cuándo llega la hora de acostarse.
- Programar la noche como un tiempo dedicado a dormir, evitando jugar y entretenerse con el niño (hay que dejar estas actividades para las horas diurnas).
- Ayudar al niño a asociar la cama con el sueño. Esto significa procurar que se duerma en su habitación y evitar, siempre que sea posible, que se duerma en brazos o en otros lugares para luego llevarlo a la cama. Si lo hiciéramos así, el niño al despertar se encontraría en un lugar que no reconocería de inmediato y querría volver a los brazos del padre o la madre para dormirse de nuevo.
- Procurar instaurar un ritual para acostarse, escogiendo las cosas que se necesitarán para ir a dormir (por ejemplo, el pijama que hay que ponerse, el libro que se lee, alguna canción para escuchar).
- Asegurarse de que el lugar en donde duerme el niño es tranquilo, silencioso y poco iluminado.
- Mantener la temperatura de la habitación a un nivel confortable (en torno a los 20 °C), ya que las temperaturas excesivamente altas alteran el sueño.
- No tapar demasiado al niño para dormir.
- No hacerlo dormir en una cama demasiado grande, porque tendrá tendencia a buscar un borde en el que apoyarse. El contacto con los barrotes no le despertará; por eso no son aconsejables los protectores, que le ofrecen la posibilidad de trepar por la barandilla y, además, no le permiten ver

PROFUNDIZACIÓN

lo que ocurre en la estancia cuando está tumbado.

- Hacer dormir al niño de lado o boca arriba, y evitar la posición boca abajo.
- Ofrecerle un objeto para dormirse, comprobando, no obstante, que no haya «juguetes» peligrosos en la cama.
- Mantener fijo el horario de despertarse por la mañana y de acostarse por la noche, e, igualmente, seguir horarios regulares durante el día.
- No mandar al niño a la cama si tiene hambre.
- Evitar que beba mucho antes de acostarse y durante la noche.
- No darle comidas y bebidas que contengan cafeína o teína —por ejemplo, refrescos de cola, chocolate, café y té— varias horas antes de la hora de acostarse.
- Durante la cena, relacionarse lo mínimo con el niño e incitarlo a dormir solo.
- Recordar que algunos fármacos contienen alcohol o cafeína y pueden causar trastornos del sueño.
- Recordar que el niño debe aprender a dormirse solo, sin la intervención de los padres.
- Evitar actividades excitantes que puedan interferir en el sueño. Jugar a perseguir o al escondite, saltar en la cama o en el sofá, hacer cosquillas y efectuar cabriolas, entre otras, son actividades que excitan al niño y lo reactivan cuando precisamente se encuentra en un estado de relajación gradual nocturna. Este tipo de juegos debe evitarse a partir de una o dos horas antes de la hora habitual de acostarse.
- Separar claramente las actividades que el niño hace de día de las que hace de noche, y enseñarle que la noche sirve para dormir.
- Recordar que las músicas o los móviles (con figuritas de animales que giran) instalados justo encima de la cuna pueden causar sobreexcitación visual o auditiva en el niño e interferir en la conciliación del sueño. Es preferible recurrir a las viejas canciones o nanas, ya que la voz de la madre es más cálida que una música mecánica.
- El baño puede ser para algunos niños una actividad excitante, pero a otros, en cambio, puede relajarlos. En el primer caso no conviene bañarlos tarde por la noche.
- Si el niño llora, es correcto acercarse a él, pero sin colmarlo de atenciones. Bastará con tranquilizarlo con un pequeño masaje o cambiarle el pañal, si es necesario, preferiblemente sin sacarlo de la

Cómo puede la madre afrontar mejor los primeros meses junto al niño

- La madre debe dormir mientras el niño duerme, y no aprovechar esos momentos para llevar a cabo las tareas domésticas o para trabajar. Si no logra conciliar el sueño, por lo menos debe descansar.
- Debe organizarse antes de la cena.
- Conviene que realice una actividad motora, que pasee con el niño y salga de casa, si es posible con él.
- Debe pedir ayuda a las personas que tiene cerca.
- Y ha de observar cómo se siente psicológicamente, porque la privación de horas de sueño puede contribuir al desarrollo de una depresión posparto y a alterar la relación de apego con el bebé.

Y debe recordar también que todo acaba pasando...

PROFUNDIZACIÓN

cama, sin encender luces intensas y sin alzar la voz ni crear confusión.

- Recordar que dormir de día depende de la edad y que, en cualquier caso, las siestas demasiado frecuentes y demasiado largas deben ser evitadas, especialmente cuando se acerca la noche.

¿Qué hacer si el niño empieza a llorar por la noche?

Paralelamente a la adquisición del ritmo circadiano y a la adaptación al ciclo luz-oscuridad, el niño que pasa un día tranquilo por la noche se pone nervioso y empieza a llorar. Este comportamiento se asocia a menudo a los dolores abdominales o a los cólicos gaseosos típicos del primer trimestre. No sabemos si, efectivamente, existe un dolor abdominal, pero está claro que los niños que presentan esta alteración de manera intensa serán niños que, con toda probabilidad, tendrán más dificultades para dormir.

Este comportamiento está relacionado con la madurez de los mecanismos que predisponen al sueño y es la manifestación de la fase normal de hiperactividad del final del día, que corresponde al periodo de máxima vigilancia por parte del adulto. La aparición, entre las tres o cuatro semanas de vida, de una fase larga de vigilia entre las cinco de la tarde y las diez de la noche es el primer signo de que el niño empieza a tener un ritmo circadiano. En algunos niños estas fases son leves y duran poco; en otros duran más tiempo y pueden prolongarse hasta bien entrada la noche. En casos extremos se puede llegar a horarios muy tardíos.

En esta fase se estabiliza el ritmo circadiano del niño, y por eso es muy importante controlar estos estados de agitación, creando a su alrededor un ambiente tranquilo, poco luminoso y sin estímulos posteriores (por ejemplo, mecerlo muy intensamente); es mucho mejor dejar al bebé en la cama y ofrecerle la posibilidad de dormirse solo.

Qué hacer si el bebé tiene dificultades para dormirse

Ante todo conviene infundirle la máxima tranquilidad y sosiego. Si se tiene la previsión de repetir siempre las mismas operaciones a unas horas fijas, tal como ya hemos sugerido, esta repetición de las situaciones ayudará a hacer que el niño se dé cuenta de que después de dormirse sabe despertarse y encuentra todo tal como lo ha dejado, con el papá y la mamá todavía allí, y sus juegos en el lugar en donde se encontraban, el libro de cuentos en la mesita, etcétera.

Para ello es aconsejable elaborar un ritual que el niño asociará con el momento de prepararse para dormir y que le ayudará a relajarse antes de acostarse. Cantar una nana y realizar las operaciones habituales de limpieza (baño, cambio de pañal, etc.) pueden constituir una buena señal para el niño. Luego hay que procurar ponerlo en la cama o en la cuna todavía despierto, y dejarle tiempo para dormirse solo. Esta práctica se puede iniciar entre los cuatro y los seis meses.

Si oímos que se mueve o lloriquea, no significa que esté despierto o que quiera que lo cojan en brazos: sólo habrá que estar a la espera para ver qué sucede.

Hay que dar tiempo al niño de comunicar lo que quiere. Unas veces se dormirá solo, sin ayuda. En cambio, si las dificultades persisten y el niño «lucha contra el sueño» se podrá adoptar la técnica de la extinción gradual (véase el párrafo «El problema de despertarse por la noche»).

Qué hacer cuando al niño le angustia la separación

A los ocho o nueve meses se produce un aumento fisiológico del número de veces que el niño se despierta relacionado con la fase de desarrollo llamada «angustia de lo extraño», que corresponde a una angustia por la separación de la madre. A esta edad, el niño reconoce bien a la madre y teme que alguien se interponga entre sus deseos y, de alguna manera, la alejen de él. Figuras como los abuelos o los tíos, con los que anteriormente simpatizaba, pueden convertirse en enemigos potenciales y el niño los puede tratar como extraños de quienes debe desconfiar. Además, a esta edad el niño todavía no ha definido la concepción del tiempo y de la memoria, y debe adquirir progresivamente la capacidad de tranquilizarse y la confianza en el retorno, después de dormir, de la madre o de ambos padres. Entonces el niño llora, se desespera si su madre está lejos de él y busca continuamente el contacto visual o físico. Este es otro momento importante para dormir correctamente.

El niño se define a sí mismo como «otro de sí», es decir, por diferencia, definiendo primeramente a la madre, con quien tiene un vínculo íntimo indisoluble. Y precisamente por lo absurdo que es, mientras se define a sí mismo, este vínculo se hace aún más irresistible, porque reconoce que los cuidados maternos son indispensables y no tiene intención de renunciar a ellos, sabe que no puede prescindir de ellos y quiere protegerse de toda ausencia de la madre.

En este caso se puede adoptar la técnica del *minimal checking*, que consiste en instaurar un ritual para dormirse y dejar al niño en la habitación. Luego, habrá que controlarlo cada dos o tres minutos, aunque no llore o no llame. Cuando se entra en la habitación, hay que tranquilizarle hablándole afablemente y volver a salir, sin esperar a que se duerma, continuando así hasta que se haya dormido. Esta misma técnica se adopta cuando se despierta por la noche, aunque en esta ocasión no será necesario ir tantas veces a controlarlo.

El problema de despertarse por la noche

El bebé puede despertarse por la noche por culpa del miedo o la

PROFUNDIZACIÓN

ansiedad. Para evitar que esto ocurra, se puede recurrir a la técnica de la extinción gradual, que consiste en intentar lograr el comportamiento deseado mediante conquistas sucesivas.

Un ejemplo práctico puede hacer más comprensible la idea. Siguiendo esta teoría, si el niño empieza a llorar o a llamar, primero hay que esperar 30 segundos antes de entrar en la habitación, luego se le tranquiliza con las luces apagadas, con la mínima interacción posible, y se sale cuando todavía está despierto. Cada vez que vuelva a llamar o llorar habrá que alargar progresivamente el intervalo de tiempo, pasando a un minuto, luego a dos y así sucesivamente, hasta que el niño se duerma solo.

No hay motivo para tener sentido de culpa por no hacer nada cuando el niño llora. De hecho, este comportamiento no provoca trauma psicológico alguno en el pequeño, sino que lo hace ser más autónomo en la gestión de su propio sueño, con el consiguiente beneficio para los padres, que no deben pasar todas las noches en blanco.

La solución depende naturalmente de cada individuo y de las características propias de la relación niño/padres, a lo que cabe añadir otro elemento, que es la forma de dormirse o de despertarse por la noche.

Entre los dos y los tres años, el niño intenta ganar autonomía por todos los medios, e insiste en hacer las cosas a su manera, no en vano la frase recurrente que oyen los padres en todo momento es: «¡Yo, yo, yo, esto lo hago yo solo!». Por tanto, a esta edad se le debe presentar el hecho de dormirse solo como una gran conquista.

Sin embargo, puede continuar despertándose durante la noche, o antes de la hora por la mañana, y esto ya es más difícil de solucionar. En esta última circunstancia, los padres deberán ayudarlo cada vez que se despierte con su presencia directa.

Habrá momentos de resistencia, en los que el niño fingirá dormirse y, en cuanto el padre o la madre se alejen, reclamará nuevamente su presencia. Y si los padres se muestran vulnerables ante estas crisis nocturnas —quizá porque se sienten excesivamente culpables de estar demasiado tiempo alejados del niño a causa del trabajo—, el niño lo percibirá y pretenderá tenerlos toda la noche a su lado.

¿Por qué algunos niños duermen toda la noche y otros se despiertan continuamente?

Existe un fuerte componente genético. De hecho, si preguntamos a nuestros padres cómo éramos de pequeños, muchas veces nos cuentan lo mismo que nos ocurre a nosotros con nuestro hijo.

Al igual que sucede con los adultos, hay niños que necesitan dormir poco y otros que necesitan dormir más, niños que son poco activos por la noche y que por la mañana se despiertan llenos de energía, y niños que no se acostarían nunca por la noche y que por la mañana no hay quien los saque de la cama.

En cualquier caso, cuando el niño se despierta durante la noche, es muy importante tener paciencia, no acudir inmediatamente a él, valorar la intensidad del llanto e intentar resistir un poco. Cuando finalmente vamos a atenderlo, conviene hacerlo sin encender la luz y sin cogerlo en brazos. La forma correcta sería procurar tranquilizarlo hablándole en voz baja y meciendo suavemente la cama. Es preferible no darle leche, ni manzanilla o similares, si no es realmente necesario, y abandonar la habitación antes de que esté completamente dormido, para que nuestra presencia no se convierta en la única manera de hacerlo dormir.

En general, entre los cuatro y los seis meses el niño empezará a dormirse sin despertarse por la noche, aunque con diferencias individuales significativas. A esta edad, lo más importante es regularizar los horarios (hora de acostarse, hora de despertarse, horas de las comidas, etc.) y que le dé la luz del sol durante el día, mientras que de cara a la noche se debería reducir la actividad e intentar evitar las luces intensas.

¿Es correcto dar de comer o de beber al niño cuando llora por la noche?

Durante las primeras semanas de vida el ritmo del recién nacido está regulado por sus necesidades internas y puede ser correcto alimentarlo cada vez que se despierta. Pasados los cuatro o seis meses, si de día come con regularidad no necesita comer durante la noche. Por lo tanto, no hay que darle nada, ni de

PROFUNDIZACIÓN

comer ni de beber, si se despierta. La gran cantidad de líquidos que algunos niños ingieren durante la noche, especialmente si es en forma de infusiones, aumenta la diuresis, y el resultado es que el niño se hará pipí más a menudo y, por consiguiente, tenderá a despertarse con más frecuencia y a llorar. Sin contar que acostumbrándolo a beber de esta manera, a la larga el biberón se convertirá en la forma exclusiva para que se duerma. Y el niño se despertará porque estará acostumbrado a beber durante la noche.

¿Es correcto usar jarabes, tisanas o hierbas para favorecer el sueño?

En la mayor parte de los casos, el insomnio infantil guarda relación con una mala adaptación a los ritmos normales, o quizá también con condicionamientos o círculos viciosos que deben ser modificados. Para ayudar a la relajación, se pueden utilizar tisanas o extractos calmantes en solución hidroglicérica a base de hierbas como melisa, pasiflora, flor de naranjo y manzanilla.

Los fármacos deben evitarse en la medida de lo posible, por lo menos antes de los dos años de edad. Muchas veces no resuelven el problema, o este aparece de nuevo en cuanto se interrumpe el suministro. También pueden tener un efecto paradójico, es decir, excitar en lugar de calmar. Por otro lado, el hecho de administrar fármacos para favorecer el sueño del niño causa sentimiento de culpa a los padres. Y, sin embargo, es cierto que un padre que consigue dormir toda la noche porque su hijo no le despierta es un padre más atento y más disponible a lo largo del día. Pero nosotros somos partidarios de los remedios naturales, aunque los fármacos, administrados bajo control médico, pueden ser útiles —y a veces indispensables— para modificar algunos malos hábitos. Conviene tener en cuenta que la sustancia administrada para propiciar el sueño tiene el objetivo de corregir las malas costumbres, pero no debe convertirse en un mal hábito por sí mismo, y para ello debe utilizarse con prudencia y durante un periodo de tiempo poco prolongado.

Dónde y cómo debe dormir el niño

Normalmente durante los primeros meses de vida el bebé duerme en una cuna junto a la cama de los padres, ya que su habitación está demasiado lejos para ser atendido todas las veces que se despierta y debe mamar.

Existen varias corrientes de pensamiento sobre el hecho de dejar que el bebé duerma en la cama con sus padres. Muchos tienen miedo de hacerle daño involuntariamente, pero algunos investigadores sostienen que dormir junto a la madre, con el contacto físico que ello supone, mejora el desarrollo psicofísico del bebé y previene las muertes blancas, o muertes en la cuna.

Una vez decidido el lugar en donde debe dormir, es una buena norma no cambiarlo de sitio para dormir durante el día: por ejemplo, no ponerlo a dormir en el cochecito durante el día y en la cama por la noche.

Además, el bebé debe dormir de lado o boca arriba, pero no boca abajo, salvo indicación específica. Entre el cuarto y el séptimo mes ya tiene capacidad para moverse y elegirá la posición que le resulte más cómoda.

Cómo mejorar el sueño en la habitación

del niño con el feng shui*

La habitación es el espacio destinado a una de las funciones más importantes de nuestra vida y de la de nuestros hijos, que pasan mucho tiempo en ella. En estas páginas daremos una serie de indicaciones sobre el diseño y la armonía de la habitación ideal, con la ayuda del antiguo saber del feng shui, una filosofía oriental que proporciona una mejor habitabilidad a las estancias y, en consecuencia, mejora la calidad de vida, que se hace más serena y armoniosa.

En este apartado veremos de qué manera el feng shui puede ayudarnos a proporcionar a nuestros hijos un poco de la armonía que todos buscamos, aportando, si es necesario, algunos cambios para mejorar la atmósfera de los espacios, transformándola en energía y bienestar.

Para incidir en determinados aspectos del crecimiento, debemos saber que el ambiente que rodea al

---

* A cargo de Giusy Musso, escenógrafa y arteterapeuta, responsable de la Asociación Cultura & Bienestar de Turín.

niño tiene un importante valor formativo desde los primeros días de vida, y por ello es preciso comprobar si se está acatando el principio más importante del feng shui, que consiste en la aportación y circulación adecuadas de energía vital.

La habitación debe estar situada siempre en una zona alejada del salón, de modo que represente la parte de la vivienda propia del niño. Es un espacio que constituirá su mundo durante muchos años. Debe servir de dormitorio y, a medida que vaya creciendo, también de cuarto para jugar. Ahí está precisamente la dificultad: lograr que sea alegre de día y tranquila de noche, para que el niño pueda dormir, jugar y estudiar en un ambiente positivo y armonioso, adecuado para cada una de estas actividades. Puesto que los niños son más sensibles y receptivos que los adultos, absorben la energía ambiental con más intensidad, y, por tanto, las formas energéticas que los rodean deben ser de buena calidad. Para favorecer una personalidad correcta del niño, la energía del lugar en donde vive deberá ser siempre positiva.

La cama

En primer lugar, es muy importante colocar la cama lo más lejos posible de la puerta y, sobre todo, no debajo de una ventana, para permitir la circulación de la energía. En la página siguiente puede verse el esquema que podrá servir de ayuda para un análisis más correcto de su colocación, considerando también la personalidad del pequeño.

Atención a los materiales

La madera es el material más idóneo para la estructura de la cama. A diferencia del metal, no altera el campo magnético local y tiene una influencia más sutil en el movimiento de la energía. Las estructuras de metal, latón o hierro forjado aceleran la energía, lo cual no favorece un sueño profundo y restaurador.

Es importante saber que el espacio de debajo de la cama debe mantenerse vacío para evitar que la energía se estanque debajo del niño mientras duerme.

La colocación de la cama

Cabeza orientada al norte. Esta dirección tranquila puede ser útil contra el insomnio, pero puede hacer que la vida del niño sea demasiado calmada.

Cabeza orientada al sur. La fuerte energía y la cálida naturaleza de esta orientación no favorecen un sueño profundo. Es más, podrían provocar hiperactividad en el niño.

Cabeza orientada al noreste. En este caso la atmósfera es demasiado aguzada y penetrante para dormir bien. El niño podría tener pesadillas.

Cabeza orientada al sudoeste. Es una posición de estabilidad, que aumenta la sensación de cautela y de atención del niño.

Cabeza orientada al este. Es la posición ideal, porque da al niño la sensación de que lo mejor todavía está por llegar y de que cada nuevo día va a ocurrir algo novedoso; es una posición «dinamizadora».

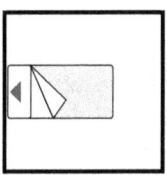

Cabeza orientada al oeste. Esta posición combina un sueño tranquilo con una atmósfera general de alegría, pero también puede causar pereza y falta de motivación.

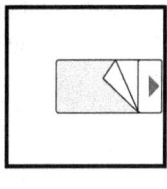

Cabeza orientada al sudeste. Es una buena posición para aumentar la creatividad y la sociabilidad. Será un estímulo para el crecimiento, y aunque de manera más imperceptible que hacia el este.

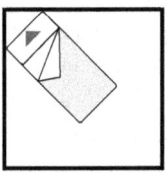

Cabeza orientada al noroeste. Esta posición puede ayudar al sueño del niño, pero es más adecuada para adultos, que tienen experiencia en ejercer la autoridad sabiamente (se aconseja a los padres).

El mobiliario

A continuación analizaremos en detalle los objetos de la habitación, siguiendo las sugerencias del antiguo saber del feng shui y recordando que para aplicar las normas esenciales no hace falta vivir en una casa grande. En los espacios pequeños también es posible empezar un recorrido personal para la «vida dulce», como la llamaba Confucio. Se trata sólo de hacer propio el equilibrio que se percibe en el universo y extraer enseñanzas de él.

1. Los muebles han de ser de color claro y con formas suaves y redondeadas, porque reproducen la redondez del útero materno.

2. En la habitación deben predominar los colores blanco, azul y crema si el niño ha nacido en primavera o verano; y verde, rosa y amarillo si el pequeño ha nacido en otoño o invierno.

3. Los cilindros musicales y los móviles colgados del techo son adecuados porque captan una energía ligera y vital (para un niño de corta edad, el movimiento delicado de los móviles puede ser excitante o relajante). Se puede instalar uno de metal brillante, más yang, en el oeste de la habitación; y otro blando, de tela, que se construye con copos de tul de colores, que es más yin y tranquilo.

4. La iluminación debe provenir de una lámpara de pared, que alimenta la energía, pero también es útil una lámpara de cristal de sal, que, además de producir una luz extraordinaria, influye positivamente en el bienestar del niño a través de la ionización y del color, incidiendo positivamente en el estado emotivo y espiritual. El efecto es el de un aire fresco y revigorizante, como el de los lugares en donde sentimos bienestar (el mar, la montaña o cerca de una cascada).

5. El suelo de madera natural alimenta la energía y reduce el estancamiento. Además, la superficie cálida de la madera proporciona un efecto equilibrante, evitando la acumulación de cargas electrostáticas que podrían generar nerviosismo y ansiedad en el niño.

6. Cuando están corridas, por la noche, las cortinas de tejido natural disminuyen el flujo de energía procedente de las ventanas. En cambio, de día deben descorrerse para dejar que la luz entre por la ventana.

7. Algunos cuadros de tela colgados en las paredes pueden ayudar a generar un efecto equilibrante. Los colores brillantes, especialmente el rojo, el amarillo y el naranja, son yang y, por tanto, estimulantes; los colores tenues, sobre todo el azul y el verde, son yin y, por tanto, relajantes.

8. Si hay alfombra, esta debería ser de fibra natural (sisal o coco), que es yang y ayuda a reducir cualquier sensación de confusión provocada por los juegos tirados por el suelo.

9. Es conveniente colocar los juguetes en estanterías de madera, siempre de forma redondeada, a una altura accesible para el niño. Recordemos que, para atenuar la energía, durante la noche los juguetes deben estar guardados.

10. El cambiador puede estar junto a la puerta, porque es un lugar en donde se desarrolla una actividad breve e intensa, con el niño siempre vigilado por el padre o la madre.

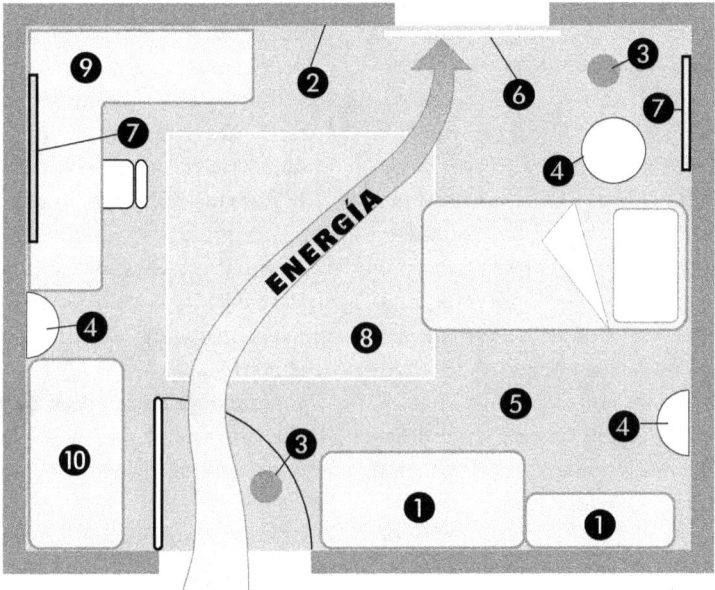

1. Muebles claros con formas redondeadas
2. Colores a elegir según la época en que nace el niño
3. Móviles y objetos colgantes en el techo
4. Aplique y lámpara de cristal de sal
5. Suelo de madera natural
6. Cortina enrollable de tela natural
7. Cuadros de tela en las paredes
8. Alfombra de fibra natural
9. Mesa de madera para los juguetes
10. Cambiador

Otra ayuda que puede añadirse para favorecer la energía feng shui y, por tanto, la creación de un ambiente equilibrado, puede venir dada por algunos objetos de buen auspicio.

Una pequeña esfera de cristal pulido, por ejemplo, posee la propiedad de escindir la luz en los colores primarios e irradiarlos en la habitación en forma de corrientes cromáticas altamente energéticas. Un pequeño portavelas de formas redondeadas, de color púrpura y decorado con estrellas, propiciará la relajación. Una fotografía, o una pequeña escultura, que represente uno o varios delfines dará un plus de valor a la habitación, emanando una vibración alta y sutil que estimulará una actitud más tolerante y disponible; los niños sintonizan inmediatamente con estos animales maravillosos; por eso, un póster de delfines ejercerá un efecto positivo en ellos.

Un último consejo: cuando se realicen cambios en la habitación del niño conviene observar los posibles cambios en su comportamiento, en su humor y en su energía general. Un aspecto muy importante del feng shui es la confianza cada vez mayor en la voz interior, en la intuición. Lo que intuyamos deberá traducirse en aplicaciones que, si se inspiran en nuestro sexto sentido, nos llevarán a buen seguro hacia una mejora en la calidad de vida de nuestro hijo y de nosotros mismos.

Lo que debe evitarse en la habitación

Por lo general, los niños, aunque sean muy pequeños, son buenos indicadores, porque reaccionan a las soluciones aplicadas de forma directa y sin términos medios.

A continuación, veremos todo lo que debe evitarse para lograr un ambiente lo más confortable posible.

- **Puertas abiertas.** Por la noche la puerta debe estar cerrada y las cortinas corridas; de esta forma se calma el flujo energético y los niños consiguen dormirse más fácilmente.
- **Cabecera de la cama debajo de la ventana.** En este punto la energía es más activa y puede dificultar el sueño.
- **Muebles pesados.** Los niños necesitan mucho más espacio que los adultos, y los muebles macizos pueden comunicarles una sensación de impedimento y constricción.
- **Desorden.** No es raro que en la habitación de los pequeños haya juguetes y objetos esparcidos por

El yin y el yang

El yin y el yang son los principios en los que se basa el feng shui. Estas dos palabras sirven para describir todas las cosas que nos rodean y el efecto que ejercen sobre nosotros. Yin y yang son dos principios opuestos y complementarios, que regulan todo lo que existe en el universo. Esta polaridad se encuentra, por ejemplo, en la alternancia entre el día y la noche o en el ciclo de inspiración y espiración.

Yin y yang son dos fuerzas que se combinan y gobiernan la armonía y el equilibrio. El yin no puede existir sin el yang: la luz no puede existir sin la oscuridad, el calor existe solamente si también lo hace el frío, el polo positivo de una batería necesita que haya un polo negativo, y del mismo modo se completan los elementos masculino y femenino.

La personalidad de los niños, que se define a los dos años, puede ser más yin o más yang: el niño extrovertido, irritable y nervioso es yang; por el contrario, el niño más apacible y tranquilo es yin. Teniendo en cuenta este factor, se pueden efectuar algunos cambios en la habitación para equilibrar la armonía entre la parte yin y la parte yang.

En la habitación de un niño yang habrá que evitar superficies duras y reflectantes, como espejos, muebles con aristas agudas, objetos de colores vivos y excitantes, o fabricados con materiales duros y fríos (por ejemplo, muebles metálicos o superficies de acero o hierro), pintura de las paredes y alfombras de colores encendidos, persianas de metal o sábanas y cubrecamas de colores. Tales objetos se pueden sustituir por otros de formas redondeadas, de colores relajantes (a ser posible dentro de la gama del verde), por cortinas suaves, muebles de madera y sábanas de colores tenues. Naturalmente, para el niño yin deben aplicarse las medidas opuestas.

todas partes, creando confusión. Conviene inculcar al niño el orden y enseñarle a prescindir de lo que ya no usa.

- **Aparatos eléctricos.** En la habitación de los niños no debería haber ningún aparato eléctrico ni ordenador, ningún televisor o vídeo. Conviene tener siempre presente que la contaminación eléctrica influye más en los niños que en los adultos.

Los trastornos del sueño

PAVOR NOCTURNO

El pavor nocturno es un término clínico para indicar todos aquellos episodios de terror nocturno que pueden manifestarse a los dos y tres años de edad. El niño, sentado en la cama, grita dramáticamente de miedo, y, sin embargo, en un análisis clínico objetivo se comprueba que en ese momento no está completamente despierto. Ver a un hijo que grita y se agita, sin que nada pueda consolarlo, asusta a los padres, pero, en realidad, el niño no está realmente despierto ni es consciente de su comportamiento.

Muchas veces los padres se preguntan si estas manifestaciones son producto de una pesadilla o si son sólo de origen nervioso o emotivo. Es importante saber que los episodios de pavor nocturno tienen lugar solamente en la primera parte de la noche, durante la fase del sueño profundo, y que están ligados a fenómenos neurofisiológicos, de descargas tensionales nerviosas. Por el contrario, las pesadillas tienen que ver con el sueño ligero y están relacionadas con los aspectos del sueño, concretamente con las etapas del sueño Rem. Un niño asustado por una pesadilla después está totalmente despierto, y es capaz de entender que algo lo ha despertado y de contar las partes más agitadas del sueño; mientras que un niño que sufre pavor nocturno es como si hubiese tenido una especie de ataque de pánico, pero no es capaz de relacionarlo con ningún acontecimiento, ni de sueño ni de realidad.

El terror nocturno no es una convulsión, sino un síntoma de una disfunción cerebral y de una descarga pulsional neurofisiológica. El hecho de que se produzca algún episodio esporádico entra dentro de la normalidad, por lo que no debe generar una preocupación excesiva en los padres. En cambio, si los episodios perduran pasada la edad de cinco años, es aconsejable consultar a un especialista.

Veamos cómo hay que actuar durante la manifestación de pavor nocturno:
- no intentar nunca despertar al niño;
- dejarlo en su cama o, si se ha agarrado a la barandilla, acomodarlo de nuevo en la cama, acariciándolo y tranquilizándolo;

- no hablarle, al día siguiente, de lo ocurrido, ya que el niño no será capaz de valorar estos episodios, por su edad y porque no tiene conciencia de lo ocurrido. Se correría el riesgo de comprometer la opinión que tiene de sí mismo.

SONAMBULISMO

A lo largo del segundo y el tercer año de vida es posible que aparezca el fenómeno del sonambulismo. Cuando el niño entra en este estado, está sólo parcialmente despierto. Es una especie de estado de trance natural, en el que el niño puede moverse, con el consiguiente peligro de hacerse daño. Habrá que vigilarlo de cerca, sin obstaculizar sus movimientos y sus acciones, procurando, al mismo tiempo, que no pueda acceder a objetos o situaciones peligrosos (y si es posible orientarlo hacia la cama). Es fundamental hablar pausadamente para tranquilizarle.

El sonambulismo podría durar toda la infancia como síntoma de tensión, pero las probabilidades de que esto ocurra se reducen sensiblemente si se logra ayudar al niño a afrontar las causas que se encuentran en la base del trastorno. Si el fenómeno perdura pasados los cinco años, será preciso recurrir a un experto.

PESADILLAS

Los niños de cuatro o cinco años todavía duermen después de comer, y por la noche duermen de 9 a 12 horas. A esta edad surgen nuevos elementos de alteración del sueño. El niño se vuelve más revoltoso, determinado y provocador, y, a medida que empieza a tomar conciencia de sus sentimientos agresivos, puede abrumarse por este descubrimiento (especialmente cuando ve que no pasa nada después de haber infringido una norma). A esta edad, la disciplina sirve para generar confianza, porque enseña los límites al niño. Paralelamente a la necesidad apremiante de poner a prueba los límites y los impulsos agresivos, están las experiencias, que le permiten saber si logrará hacer realidad sus deseos y fantasías mágicas (por ejemplo, «eliminar» al padre o la madre que lo han reñido, al hermanito que le quita sus juguetes, al amigo que le ha propinado un empujón, etc.).

El niño consigue afrontar estos deseos y sentimientos durante el día, pero no de noche. Así, de pronto, una vieja bruja irrumpe en su habitación, o bien un monstruo se esconde en el armario. Y los ruidos fuertes —un perro que ladra, la sirena de los bomberos— adquieren un significado nuevo. Las amenazas y las pequeñas venganzas que forman parte de la vida diurna, por la noche vuelven en forma de miedos y lo atormentan. El pequeño intuye que tener esos pensamientos, o su poder imaginario, significa estar casi a punto de perder el control, y en esa sensación hay una nueva conciencia de sus límites. El niño se asusta cuando intenta sentirse fuerte e inevitablemente teme que las brujas y los monstruos nocturnos sean su castigo.

Cuando durante el día los niños empiezan a querer mandar, a sentirse suficientemente autónomos como para intentar imponer su voluntad, por las noches son más propensos a tener pesadillas, que representan el contrapeso a los arranques e impulsos agresivos.

DESPERTAR PRECOZ

El despertar precoz —a las seis de la madrugada muchos niños ya han dormido suficiente— puede ser muy difícil para los padres. Cuando un niño se despierta antes de esa hora, quizás es porque realmente necesita dormir un poco menos, y entonces se puede intentar mandarlo a la cama un poco más tarde, para ganar tiempo por la mañana. Sin embargo, por extraño que pueda parecer, el despertar precoz puede producirse igualmente cuando el niño no duerme lo suficiente, y ello puede causarle dificultades para dormir normalmente. Y, por último, el despertar precoz puede producirse también cuando el niño duerme lo suficiente, pero en los momentos equivocados. Por tanto, habrá que revisar su ritmo de sueño, viendo cuántas horas duerme de día y cuántas por la noche, y a qué horas lo hace.

Para determinar la hora más apropiada para que el niño se acueste, debemos tener en consideración una serie de elementos:

- observar si el niño se hace el remolón a la hora de irse a la cama, si objetivamente todavía está de buen humor y atento, y es capaz de caminar con equilibrio;
- valorar si tiene capacidad de concentración y si se aplica de manera autónoma a las cosas que hace durante las horas de vigilia.

Analizando estos comportamientos se verá si es necesario reducir o aumentar las horas de sueño, o bien mantenerlas, pero cambiando el horario. No debemos olvidar que para lograr resultados satisfactorios en lo que respecta al equilibrio de los ritmos de vigilia y sueño, se necesita tiempo y paciencia.

Cuando el pequeño se despierta pronto, sea cual sea la causa, conviene asegurarse ante todo de que en la habitación hay tranquilidad y está sumida en la oscuridad, porque algunos niños se despiertan fácilmente del sueño ligero de la mañana si ven la luz del sol a través de las rendijas de la persiana, o si oyen ruidos en la casa o en las proximidades. Para ello habrá que poner cortinas oscuras que cubran totalmente las ventanas, bajar completamente las persianas o cerrar las contraventanas. Por otro lado, se puede utilizar un generador de rumor blanco de fondo, un tipo de sonido que, debido a sus características, oculta los ruidos molestos y favorece la relajación y, por consiguiente, el sueño.[2]

CUANDO EL NIÑO RONCA

Según algunos investigadores de Kentucky (Estados Unidos), los niños que roncan tienen más probabilidades de sufrir problemas de aprendizaje, dificultades con el lenguaje, ansiedad y depresión.

En niños, roncar es síntoma de apnea obstructiva, que les hace interrumpir la respiración muchas veces cada noche. Si no se trata, la apnea del sueño puede incrementar el riesgo de desarrollar hipertensión y algunas enfermedades cardiovasculares. La doctora

---

2. El rumor blanco, denominado así por analogía con la luz blanca resultante de la síntesis de todos los colores, está constituido por un número muy elevado de sonidos, cuyas frecuencias se distribuyen uniformemente en todo el espectro de audibilidad. Gracias a estas características, el rumor blanco es capaz de esconder a la percepción auditiva todos los ruidos molestos y así inducir de una forma natural el sueño. En Estados Unidos se han difundido CD con grabaciones del sonido del rumor blanco.

Louise O'Brien, autora de un estudio realizado en los años 2000 y 2001 e investigadora de la Universidad de Louisville, afirma que roncar puede representar un riesgo para la salud también en los niños que no sufren apnea del sueño. Según O'Brien, si un niño ronca habitualmente y presenta alteraciones del comportamiento o del aprendizaje, es oportuno que lo visite un especialista en trastornos del sueño.

Las estadísticas revelan que aproximadamente el 10 % de los niños ronca y el 3 % sufre apnea del sueño. Un estudio reciente, presentado en Seattle en la Conferencia Internacional de la American Thoracic Society, examinó a 87 niños de edades comprendidas entre cinco y siete años, que roncaban pero no sufrían apnea del sueño, y a 31 niños de la misma edad que dormían con normalidad toda la noche. Los padres de los niños rellenaron un cuestionario estándar sobre el comportamiento para identificar factores como la hiperactividad, la depresión y la capacidad de atención. Los niños fueron sometidos a un test cognitivo para valorar las habilidades de razonamiento y a un test neuropsicológico para medir su capacidad para planificar y realizar determinadas tareas. Según O'Brien, los niños que roncaban dieron resultados peores en todos los test con respecto a los que no roncaban. La científica afirmó también que en los individuos que obtuvieron una puntuación normal se apreció una mayor hiperactividad y más problemas de socialización, además de un grado mayor de ansiedad y depresión. La diferencia más significativa surge en los resultados de los test cognitivos, ya que los niños que roncaban demostraron tener menos habilidad de expresión verbal, de lenguaje y de orientación espacial con respecto a los que no roncaban.

El objetivo del estudio no era determinar por qué roncar provoca problemas psicológicos y déficits de aprendizaje. Sin embargo, los investigadores han planteado la hipótesis de que roncar pudiera interferir en la respiración causando hipoxia (estado de falta de oxígeno en la sangre). Además, el ruido podría provocar un despertar repentino, interrumpiendo una noche de sano reposo.

Los consejos para descansar bien que ofrece este grupo de investigadores incluyen la instauración de una rutina nocturna, como por ejemplo dedicar cada noche unos minutos a leer un cuento, y la menor toma de líquidos durante la cena. También aconsejan limitar el consumo de azúcares y de cafeína en los niños, ya que se apreció un sorprendente porcentaje de niños consumidores de bebidas de cola durante la cena.

BRUXISMO

El bruxismo nocturno consiste en rechinar los dientes mientras se duerme. Es común en niños de tres a siete años y tiende a disminuir con el paso del tiempo. Quizá no tenga consecuencias, pero el rechinar deteriora el esmalte natural y daña los dientes definitivos.

Según los expertos, el rechinar no se produce mientras se sueña o cuando se tienen pesadillas, sino más probablemente en momentos de estrés, y desaparece al término de ese periodo.

Una manera de reducir la tensión del niño es ofrecerle su objeto transicional o, mejor aún, su objeto del corazón o un juguete que lo reconforte. Es aconsejable llevar al niño al dentista para comprobar que no existan signos de bruxismo. Si fuera necesario, el facultativo le prescribiría el uso de protectores dentales para llevar durante la noche.

NARCOLEPSIA

Es un trastorno raro, que provoca un sueño nocturno excesivamente largo, somnolencia diurna, ganas de dormir durante el día y, en ciertas ocasiones, breves periodos de debilidad o incluso parálisis. Normalmente se diagnostica en la adolescencia, pero puede afectar a niños más pequeños. En unos pocos casos se ha observado en niños de seis y siete años.

La necesidad de dormir varía de un niño a otro, y depende también de la edad. Si un niño duerme alguna hora de más, con respecto a la media para su edad, pero no está adormilado durante el día, probablemente es que simplemente necesita dormir un poco más que los demás. En cambio, si por la noche duerme más que la media de los niños de su edad y, pese a todo, durante el día parece cansado, es aconsejable que lo visite un especialista en neuropsiquiatría infantil o un pediatra. Si, pasados los cinco o los seis años, el niño comienza a hacer la siesta o continúa haciéndola, o bien si se le ve soñoliento en casa o en el colegio, se podría pensar que es un niño gandul o poco despierto, pero también puede ocurrir que haya un problema en la base que hace falta examinar y profundizar.

Un sueño nocturno demasiado largo y la somnolencia durante el día pueden estar originados por trastornos de tipo orgánico, causados, por ejemplo, por un fármaco, como un antihistamínico, o por problemas psicológicos, como la depresión. Si no se determina ninguna causa orgánica o psicológica, podría ser necesario efectuar un estudio del sueño en un centro especializado.

La narcolepsia no es epilepsia, pero refleja una disfunción cerebral que puede y debería ser tratada por un especialista.

La importancia del sueño

Dormir una hora más favorece la concentración de los niños. Tiempo atrás la familia «Telerín» representaba una referencia horaria que no admitía réplicas, y tutelaba las horas de descanso de los más pequeños. Hoy en día, cuando los niños piden ver «sólo un poquito más» la televisión, muchas veces se les contesta afirmativamente. Y esto, según un grupo de investigación de la Universidad de Tel Aviv, mengua las funciones neurocomportamentales.

Perder solamente una hora cada noche, declaran los expertos, altera las capacidades cognitivas y psicológicas de los niños. La falta de descanso —afirma Avi Sadeh, coordinador de un estudio publicado en la revista científica *Child Development*— se traduce inmediatamente en una atención menor durante el día y en dificultades de concentración, especialmente por la tarde.

Para valorar el impacto que tienen pequeñas variaciones en las horas de sueño en el cerebro, los investigadores hicieron un seguimiento de 77 niños de entre ocho y diez años. A lo largo de cinco días se tomó nota de la hora en que se acostaban y la hora en que se despertaban (para calcular la cantidad de horas dedicadas a dormir), y del número de veces que se despertaban por la noche (para comprobar la calidad del sueño). Al inicio y al final del estudio se realizaron test para medir las capacidades cognitivas y neuropsico-

> **Consecuencias de la alteración del sueño**
>
> - Persistencia del insomnio (dos tercios de los niños con insomnio durante los primeros años de vida continúan durmiendo mal pasados los cinco años).
> - Los trastornos del comportamiento (hiperactividad, agresividad) tienen una incidencia tres veces superior en los niños con insomnio.
> - Fatiga y falta de concentración.
> - Breves periodos de sueño durante el día.
> - Alteraciones en el humor (tanto en los padres como en el niño).
> - Alteración de la relación entre madre e hijo.

lógicas. Sadeh explica que «los dos primeros días los niños mantuvieron sus hábitos, en los tres últimos durmieron bien una hora más, bien una menos con respecto al estándar».

A partir de la elaboración de los datos se obtuvo que los 60 minutos más de sueño se asociaban con una probabilidad mayor de despertarse una o más veces durante la noche: «El total de horas dormidas —destaca Sadeh— resultó inferior a las necesidades de los niños. Paradójicamente, quienes se acostaron una hora antes descansaron lo mismo que quienes se fueron a la cama una hora después». Por otro lado, la falta de sueño causó una mayor dificultad de concentración durante el día: «Los tiempos de reacción al reconocer un objeto o un animal proyectados en una pantalla se alargaron significativamente, al igual que la rapidez contando con los dedos».

Según los expertos, la tendencia en estas últimas décadas de que los niños se acuesten más tarde puede debilitar significativamente las funciones neuropsicológicas de los más pequeños. De ahí el llamamiento a los padres a observar con atención la vivacidad de sus hijos durante el día, para regular lentamente el sueño adaptándolo a sus necesidades.

Niños que sueñan

La relación y el diálogo entre padres e hijos a través de la interpretación de los sueños

Normalmente, los padres siempre se sorprenden un poco cuando se habla de los sueños de sus hijos como instrumentos para mejorar la calidad de la psicoterapia y para obtener información sobre los estados de ánimo y los problemas que viven los niños en su evolución. Muchas personas creen que «los sueños son simplemente sueños» y que no sirve de nada prestar atención a manifestaciones que, aunque sean naturales, no consideran más que fantasías estériles.

Los niños son productores de sueños realmente sorprendentes. En comparación con los adultos, son menos inhibidos y se preocupan menos por ocultar los efectos desagradables o negativos. Cuando un adulto sueña algo molesto o inquietante, como le asusta reconocer los motivos del malestar y tener que afrontarlo, al despertarse aparta el recuerdo y, por tanto, el problema que se ha manifestado en el sueño. Los niños, al evolucionar su personalidad, especialmente después de la adolescencia, aprenden a introducir mecanismos de defensa en los sueños, pero cuando son pequeños no les importa hablar de ellos.

Sin embargo, puede ocurrir que tengan dificultades para comunicar sus experiencias oníricas, sea porque son incapaces de entender las imágenes y las emociones que han vivido, sea porque adolecen de la riqueza de léxico necesaria para describirlas correctamente, y quizá también porque piensan que sus padres están demasiado ocupados para escucharlas.

Para interpretar los sueños de los niños, en general se toman como punto de partida las imágenes que los animan. Para que la interpretación sea correcta, recordemos que es fundamental considerar también el contexto en el que se insertan los diferentes elementos y los sentimientos experimentados en el transcurso del sueño. Por ejemplo, el niño puede soñar que un lobo entra en su habitación, y en la mayor parte de los casos es una imagen amenazadora. No obstante, si el sueño está envuelto en una atmósfera de aventura y si el niño se siente más valiente que miedoso, entonces el lobo representa los miedos que ha superado o dominado recientemente.

Quien se dispone a analizar el sueño de su hijo, con la ayuda del diccionario de las páginas 111-216, debe tener en cuenta la edad del niño, procurando relacionar el significado sugerido con la situación personal que vive con la familia, los padres y los amigos, en casa y en el colegio. Conviene hablar siempre del sueño conjuntamente, para entender cómo lo ha vivido el niño en su conjunto, y sondear problemas que hasta aquel momento no habían salido a la luz. Por ejemplo, el niño puede haber tenido un sueño desagradable en el que llovía y él acababa empapado. Si está empezando a dormir sin pañales durante la noche, puede ser que se sienta demasiado presionado. En este caso, la lluvia puede simbolizar esta sensación y puede proporcionarle un momento de liberación con la consiguiente emisión de orina. En cambio, si el niño es más mayor y los padres están preocupados por su rendimiento escolar, la lluvia puede ser símbolo de que se siente presionado.

Debemos aclarar que siempre es posible encontrarse ante sueños aparentemente indescifrables. Muchos niños recuerdan sueños constituidos totalmente por sensaciones o imágenes embarulladas, pero que no pueden describir con precisión. En estos casos, el diccionario proporciona una ayuda limitada, aunque útil, para entender el sentido de lo que está ocurriendo en la esfera emotiva del pequeño. Hablar de los sueños puede ayudar a desarrollar un proyecto creativo o sencillamente a estar más cerca del niño.

Puede suceder que el niño tenga pesadillas que, debido a su corta edad, no sepa describir. En tal caso es importante que el adulto capte las asociaciones espontáneas, es decir, todas las impresiones que el pequeño añade por iniciativa propia, haciendo que cuente las imágenes o incluso que las dibuje, dejando que salga a la luz sin minimizarlo el núcleo de la angustia de la pesadilla. Escuchar por la mañana los sueños de los niños, sin interferir en la expresión emocional, es un juego útil que sirve, además, para valorizar el sueño y los sueños, y para no tenerles miedo.

Es igualmente importante predisponer al niño a «sueños de oro», que eliminen el peligro de una pesadilla que pueda alterar el sueño, con canciones que le tranquilicen, visualizando sus colores favoritos y otros «antídotos mágicos» inventados conjuntamente. Si la pesadilla se repite y se hace recurrente —reflejando un bloqueo que el niño no logra superar— hay que descubrir al protagonista que crea el espanto, ya sea la bruja o el monstruo, y a la mañana siguiente dibujarlo y quemarlo. Es un ritual liberatorio válido y divertido que permite, mediante el juego, situarse conjuntamente con el soñador en un contexto entre la realidad y la fantasía. Los padres, como siempre, deben mediar y canalizar adecuadamente los miedos de sus hijos, de un modo cada vez más cognitivo y orientado al bienestar de su evolución.

Cómo se desarrolla la capacidad de soñar

Ya antes de nacer, en el último trimestre de la vida intrauterina (antes de haber almacenado percepciones visuales), el niño presenta la fase Rem. Es más, este estadio ocupa casi todo el sueño del feto. Al mismo tiempo, la madre dobla el tiempo durante el cual sueña, y esta circunstancia se mantiene después del parto y durante la lactancia, como si acompañara, en una especie de comunicación, a su bebé.

En la vida intrauterina, el feto está protegido de la excitación del mundo externo. Sus experiencias sensoriales se desarrollan en relación directa con los sonidos, los sabores, los olores y los desplazamientos del cuerpo de la madre. La hipótesis de los investigadores es que los sueños del niño, antes de nacer, están constituidos por fragmentos de estas primeras impresiones sensoriales.

Cuando acaba de nacer, el pequeño pasa dos tercios del tiempo durmiendo, y la mitad de su sueño es de tipo Rem. A veces empieza a soñar en cuanto se duerme, hecho que puede percibirse observando cómo se mueven los globos oculares debajo de los párpados cerrados, cómo mueve inquietamente piernas y brazos, con una mímica facial muy acentuada.

En la primera infancia, hasta el segundo año de vida, es muy difícil que el niño cuente un sueño, ya que le falta la capacidad de traducir en palabras las imágenes soñadas. De hecho, no puede contar sus sueños hasta que tiene tres años, aunque todavía no será capaz de diferenciar entre sueño y realidad (por eso cuando despierta de una pesadilla, asustado, quiere huir de lo que le ha causado el miedo, a pesar de que le tranquilicen, como si se tratara de una presencia real y no de una imagen que recuerda del sueño). A esta edad el sueño se compone muchas veces de una escena única, las imágenes carecen de movimiento, los personajes son principalmente animales, raramente seres humanos, y el escenario es indefinido o está reducido a lo esencial.

Al progresar las capacidades cognitivas y afectivas del niño, el sueño conquista poco a poco complejidad y colorido emotivo, con escenarios ligados a contextos de juego y de vida cotidiana, y secuencias narrativas más dinámicas y más largas. Aparecen, asimismo, personajes humanos, tanto familiares como extraños.

Según algunos estudiosos, cuando el niño va al colegio empieza a operar una estimulación selectiva de las funciones de la parte izquierda del cerebro, por el valor asignado al lenguaje, escrito y hablado, y al razonamiento, en detrimento de la fantasía y la imaginación. El límite de este tipo de aprendizaje consistiría en favorecer la facultad del hemisferio cerebral izquierdo, abandonando el pensamiento por imágenes, analogías y asociaciones características de la parte derecha del cerebro (según los conocimientos actuales, la creatividad depende del uso integrado de las funciones de ambos hemisferios cerebrales).

LA EVOLUCIÓN DE LA MANERA DE SOÑAR

El sueño forma parte de los circuitos cerebrales. Esto puede comprobarse mediante el electroencefalograma y se identifica con la parte del sueño denominada Rem: es una representación por imágenes y símbolos de lo que ocurre en el inconsciente, una zona de nuestra psique que la conciencia no capta y que se forma durante la infancia con la movilización de amplias partes de la realidad.

Los sueños indican el estado del individuo y en caso de malestar revelan un problema emotivo, psíquico o, incluso, físico y relacional. En términos prácticos, nos dicen dónde está el problema, qué es lo que nos molesta, quiénes son las personas que interfieren negativamente en nosotros y de dónde provienen los problemas físicos que sufrimos. Cuando ha pasado la urgencia y el problema está resuelto, el sueño empieza a señalar nuestras potencialidades y las del ambiente que nos rodea.

El sueño no evoluciona estrictamente según la edad, sino según el estado psíquico de la persona. No obstante, en cierto sentido, los sueños de los niños son distintos de los de los adultos porque los niños son más claros, menos rebuscados, más directos, y necesitan menos interpretaciones. Los niños ven brujas y monstruos, mientras que los sueños de los adultos ocultan mejor la causa del malestar.

Antes de los tres años —decíamos— a los niños les falta la capacidad de contar, por lo cual es difícil indagar sobre los sueños de los niños de tan corta edad. Inmediatamente después, los pequeños pueden dar una explicación, pero a menudo la fantasía y el sueño real se entrelazan inconscientemente. El contenido parece ser estático, en general hay poca participación de personas, pocas interacciones y predominan los animales en calidad de protagonistas. Al crecer el sueño se vuelve más complejo, paralelamente a la capacidad cognitiva y afectiva: aparecen personajes fantásticos, lugares imaginarios y símbolos. Freud sostiene que los sueños infantiles son muy claros, breves y coherentes. Su contenido suele ser transparente y está basado en el cumplimiento de un deseo diurno o de una copia fiel de temas familiares y escolares. En el periodo preadolescente, a final de los años ligados estrechamente a la infancia, empieza a formarse el sueño simbólico, con mensajes disfrazados y enigmáticos, como los de los adultos.

Sueño «real» o «fantástico»

Un sueño puede nacer de algo que el niño estaba haciendo poco antes de acostarse o de una actividad llevada a cabo durante el día. En otros casos puede representar la sensación experimentada ante problemas que debe afrontar a un nivel de conciencia más profundo. Y un sueño puede surgir de un recuerdo que para el niño tiene un significado particular.

Muchos sueños contienen elementos que pertenecen tanto a las sugestiones de la realidad, que se integran en el proceso de desarrollo, como a la fantasía y a la creatividad, que forman parte de la imaginación. Cuando el niño narra un sueño, ante todo hay que establecer si se refiere a la realidad o a la fantasía, para luego buscar qué significado se esconde detrás de las imágenes y los hechos que lo componen. Para ello, a continuación veremos un esquema de orientación:

- ver qué detalles destacan en el relato del sueño, es decir, los detalles de imágenes, sonidos y sensaciones que el niño describe con más énfasis;

- comprobar si en el relato del sueño hay datos que corresponden a la realidad conocida y vivida, ya sean personas, lugares o sensaciones;

- averiguar cuál es la emoción principal que emana del relato del sueño (miedo, excitación, alegría, tristeza);

- observar si el niño participa en el sueño, y si lo hace, si tiene un papel activo, de protagonista, o uno pasivo, de espectador;

- invitar al niño, por medio del diálogo, a atribuir un significado personal al sueño y ver conjuntamente las posibles y plausibles conexiones interpretativas.

El trabajo onírico

En este apartado retomaremos los conceptos identificativos de la interpretación de los sueños, con la contribución de la experiencia de ilustres psicoanalistas. Los sueños de los niños pertenecen a la categoría de los sueños simples, sensatos y comprensibles, y cumplen siempre dos requisitos fundamentales: tienen significado y no son complicados. En realidad, en los niños los procesos psíquicos que desarrollan el trabajo onírico están muy simplificados y son una base excelente para ampliar el estudio de los sueños de los adultos.

Todos los sueños, en general, poseen un elemento común muy importante: tienden a realizar deseos activos que durante el día no han sido satisfechos. Los sueños de los niños son, casi siempre, meras realizaciones de deseos. Además, siempre tienen un nexo con la vida diurna, normalmente la del día anterior: nada que carezca de interés para el niño entra en el contenido de su sueño. Aunque mínima, en los sueños de los niños hay una transformación, es decir, un trabajo onírico, que permite un paso del contenido latente al contenido manifiesto (una representación en el presente).

Los sueños de los adultos también pueden ser simples y de comprensión inmediata. Normalmente son muy cortos y representan también la realización de un deseo. Es el caso, por ejemplo, de soñar que se está ya despierto y se está en un baño lavándose o bien en la universidad o en el trabajo.

Ya hemos dicho que el trabajo onírico es el proceso que transforma el contenido latente (es decir, los pensamientos que participan en el sueño, obtenidos de la psique) en contenido manifiesto (la representación del sueño).

En todos los sueños se dan tres fenómenos que influyen en el trabajo onírico y que contribuyen a hacer que los sueños no tengan sentido, sean incoherentes e incomprensibles. Veamos cuáles son.

EL ELEMENTO COMÚN

Si comparamos un sueño y su análisis, e intentamos escribir en un papel los elementos principales, los temas básicos de uno y del otro, nos daremos cuenta de que las palabras utilizadas para describir el sueño serán mucho menos numerosas que las usadas para su análisis. Esto es así porque el trabajo onírico ha *comprimido* o *condensado* el contenido latente del sueño. Los pensamientos de nuestra psique que han originado el sueño son tan variados y numerosos que nos preguntaremos cómo es posible que nuestra mente los haya unido en un único sueño. La solución a la pregunta es sencilla: todos los pensamientos que han dado origen al sueño tienen un elemento común, aunque no haya más vínculos entre ellos.

Pongamos un ejemplo: tomamos diez hojas de papel de calco y en cada una hacemos un dibujo diferente; sin embargo, en la esquina superior derecha dibujamos siempre la misma imagen, por ejemplo un círculo negro. Cuando superpongamos todas las hojas, los dibujos se confundirán, pero el elemento común se verá muy claro. Los pensamientos que participan en el sueño son como las hojas de papel: tienen un solo elemento en común, pero suficiente para que nuestra mente los una en un mismo sueño.

LA DRAMATIZACIÓN

Es el fenómeno gracias al cual, en los sueños, nuestros pensamientos se transforman en situaciones. Para comprender mejor este concepto, tomaremos como ejemplo el sueño que tuvo una niña: «Estaba en la cocina, todo estaba oscuro, mi madre me decía que no era la hora de comer y que me fuera a la cama. Tenía mucha hambre, le dije varias veces "Quiero comer" y entonces, furiosa, empecé a comerme mis juguetes». La niña que soñó que comía tenía este pensamiento en la psique: «Quiero comer» (el impulso); el pensamiento fue dramatizado en el momento en que, a través del trabajo onírico, su mente lo transformó en una situación en la que ella era protagonista, comiéndose sus juguetes (lo absurdo de la dramatización: la distorsión de la realidad).

LA DESVIACIÓN ONÍRICA

También llamada transmutación de valores psíquicos, es un fenómeno muy frecuente, típico de los sueños incomprensibles, pero que casi nunca se da en los sueños sensatos y coherentes. Freud lo explica así: «Durante el trabajo onírico, la intensidad psíquica de los pensamientos y de las representaciones, a las que pertenece propiamente, se traslada a otros pensamientos y representaciones que según nosotros no deberían destacarse así». Dicho en otros términos: este fenómeno trabaja en estrecho contacto con el proceso condensativo y asocia emociones ligadas a determinados pensamientos y a otros elementos del contenido manifiesto.

Veamos otro ejemplo, muy banal: supongamos que nos dan un miedo tremendo los ratones y que sabemos inglés. Un sueño posible que contenga desviación onírica, teniendo en cuenta estos requisitos, sería que nos encontramos delante del ordenador presas del pánico. ¿Por qué? El *mouse* del ordenador tiene un nombre que relacionamos directamente, si bien en otro idioma (en el caso que nos ocupa el inglés), con la fuente de nuestros temores. El miedo a las ratas es real, pero se ha trasladado a un objeto que no tiene nada que ver con las ratas, salvo el nombre, que es el nexo entre rata y ordenador, sin el cual serían elementos totalmente separados entre sí.

Signos y símbolos de los sueños

Los símbolos oníricos nacen de la historia personal de cada uno y, por tanto, sólo se puede descubrir el significado de determinados símbolos oníricos a partir de la historia de cada persona. Este es el punto más importante que conviene aclarar antes de tratar un tema tan difícil, crítico e imprevisible como el de los símbolos de los sueños. También es cierto que la vivencia cultural común puede hacer que diferentes individuos lleguen, por caminos independientes, a los mismos símbolos. Pero el significado de un símbolo presentado por diferentes individuos no puede fijarse a partir de la simple analogía con otras interpretaciones anteriores, sino que debe encontrarse distinta y específicamente en la historia personal de la vida de cada uno, y no obtenerse a partir de una mayoría de casos.

La repetición de un cierto simbolismo en varios individuos con un bagaje cultural común puede ser engañosa. Unos ejemplos servirán para ver por qué. Una persona que sueña que se le escapa un tren, quizá está soñando que está perdiendo una oportunidad, pero perder el tren también puede ser una representación simbólica de un modo de hablar propio de la cultura de la que proviene. Puede suceder, además, que en el momento de analizar el sueño signifique lo mismo para quien lo analiza (el terapeuta), porque comparten un mismo contexto cultural. Semejante implicación puede ser válida para un cierto número de personas que comparten el mismo contexto cultural, y, por tanto, los mismos tópicos —para todos ellos la expresión «perder el tren» significa una ocasión que se esfuma—, pero, a pesar de este significado común, es fundamental buscar qué significa específicamente para la persona que cuenta haber soñado que perdía el tren, en qué sentido la imagen está conectada con su existencia y con los problemas terapéuticos que se están considerando en aquel momento. Puede ser que perder el tren no signifique perder una ocasión, sino sabotearla, por ejemplo para evitar llegar a un determinado grado de actividad. Para otra persona, un viaje en tren puede estar relacionado con un episodio funesto concreto de su vida, y en tal caso perder el tren puede significar zafarse de un peligro, ponerse a salvo evitando una empresa arriesgada. En otro momento de la vida del mismo individuo viajar en tren puede representar un gasto, y perder el tren puede indicar su indigencia. Para otra persona el tren podría representar una forma de resistencia, es decir, no acudir al analista o no llegar con él a ninguna conclusión. E incluso en el sueño de otra persona podría manifestar una especie de rechazo a viajar con gente ordinaria, y referirse entonces al sentido clasista de la persona que sueña, más que al hecho de dejar escapar una ocasión.

Entonces, ¿cómo se puede plantear un glosario de los sueños y defenderlo como últimas verdades reveladas? Si los terapeutas recurrieran sistemáticamente a un glosario para interpretar el simbolismo de los sueños de valor general, podrían incurrir en graves errores, porque se les podría escapar la unicidad del significado de los símbolos de cada paciente. Para evitar que esto ocurra, al tratar los sueños siempre se debe buscar en la individualidad del paciente el significado de los signos que provienen exclusivamente de *él*.

CONTEXTO, ASOCIACIONES LIBRES, METÁFORAS

La persona que está soñando ve su propia actividad y su propio comportamiento en forma de representaciones simbólicas, para ella ininteligibles, y al soñar no se da cuenta de la realidad que le corresponde. Esto es así porque el sueño expresa un determinado comportamiento o un modo de ser del que el individuo no tiene conciencia, o que se muestra reticente a reconocer en estado de vigilia. Al despertarse puede recordar perfectamente que él mismo ha participado en el sueño, pero sólo percibe las abstracciones simbólicas del sueño, que, fuera de contexto, carecen completamente de sentido.

El contexto correspondiente a la situación existencial de quien sueña (del niño, en este caso concreto) es la pieza que da significado al sueño. Por eso es importante que los padres participen en el relato del sueño y descubran los elementos fundamentales (los símbolos, las emociones, etc.). No hay que dejar de lado el método de las asociaciones libres.

El contexto que se da a las asociaciones libres nos puede llevar a formulaciones penetrantes y concretas sobre la realidad más profunda del sueño.

Invitar al niño a hablar, no sólo contando el sueño, sino también y sobre todo asociando palabras y ejemplos que puedan poner en relación el sueño con los estados de ánimo de las situaciones reales que está atravesando, proporciona un sistema de investigación altamente funcional y psicológico. Un sistema que, a pesar de su corta edad, el niño podrá aprender muy poco a poco y en forma de juego, sin demasiado esfuerzo, y que le servirá de mucho cuando sea adulto.

Mediante un proceso de creación, asociación y conexión, las abstracciones del sueño se transportan a un esquema conceptual comprensible, comunicable y utilizable. Con la aplicación rigurosa del método de las asociaciones libres y de la interpretación, los padres lograrán traducir las interpretaciones simbólicas del sueño y podrán ayudar al niño a corregir las distorsiones del modo de pensar de su conciencia de la vigilia y las deformaciones concomitantes de sus sentimientos, sus actitudes y sus acciones.

El simbolismo onírico, que está estrechamente ligado a la actividad mental de carácter asociativo, mejora la calidad de la terapia psicológica y el estudio de la personalidad. Los símbolos oníricos pueden considerarse representaciones en un cierto modo análogas a las metáforas y, por lo tanto, útiles para poner de relieve una o varias características particulares.

Según los expertos, el lenguaje de los sueños es un lenguaje analógico, emocional, una metáfora de imágenes y sonidos, rico en formas, signos y símbolos abstractos que, a pesar de ser irreales, se refieren a la realidad de las vivencias del individuo que sueña. En el lenguaje coloquial se usan metáforas llenas de símbolos para definir el comportamiento de un niño. Cuando se dice que un niño es como un cachorro, se hace referencia a su potencial de fiabilidad, a la fidelidad, al apego afectivo, a la capacidad de enfadarse o a todas estas características conjuntamente. Si, por el contrario, se dice que un niño actúa como una serpiente, probablemente se quiere dar a entender que más vale desconfiar de él.

Continúa en página 76

Un ejemplo de interpretación del símbolo

En la interpretación de un sueño es posible que el sentido cualitativo de un símbolo onírico sea entendido de diferentes maneras por el analista, el padre o el individuo que ha soñado, no por falta de comunicación, sino debido a la incapacidad por parte del individuo que ha tenido el sueño de reconocer, en estado de vigilia, el significado de sus propios símbolos. El símbolo onírico, en lugar de una figura retórica, es la representación figurada, no verbal, de una cualidad o de una idea; y el nexo entre la emoción y el comportamiento de quien sueña es la imagen onírica simbólica, que corresponde al sentimiento de este y que muy a menudo él mismo no reconoce. Por ejemplo, una serpiente puede ser en el sueño el símbolo —una metáfora o similitud figurada— de una persona infiel, y soñar con alguien que tiene este semblante es probablemente soñar con alguien por quien se siente miedo o desagrado. Como ya hemos dicho, la naturaleza de los símbolos oníricos, tanto si son reflejos concretos, como deformaciones subjetivas, está siempre determinada por la combinación de significados arquetípicos —en el pensamiento de Jung, los arquetipos son imágenes de experiencias primordiales comunes a la especie humana que están en el inconsciente colectivo— y por la historia global y única de quien sueña, una historia repleta de experiencias que inciden y personalizan el significado de los símbolos comunes. A modo de ejemplo, para ilustrar la amplia variedad de interpretaciones, podemos examinar los distintos significados simbólicos referentes a un símbolo onírico común e universal: la serpiente.

En el caso de que se llegue a establecer, mediante las asociaciones, que la serpiente soñada por una niña de 11 años representa una forma de curiosidad por la sexualidad masculina de sus compañeros, es necesario, si se quiere comprender su personalidad a partir de la interpretación de dicho símbolo onírico, definir qué carácter representa la asociación fantaseada de relacionar la sexualidad masculina con la serpiente. En la complejidad de estos estudios de la psicología de lo profundo, hay que beber del conocimiento de los símbolos más antiguos, que son precisamente los arquetipos, y de la mitología. Analicemos, pues, tanto los aspectos arquetípicos como los de significado analógico ligados a la representación de la serpiente. De forma alargada y cilíndrica, cubierta de escamas, sin patas, de movimiento reptante, es capaz de erguirse rápida y repentinamente, de matar a la presa inyectándole su veneno o triturándola con sus anillos y, después de haberla ingerido, entrar por un sueño letárgico. Perezosa y ágil, imprevisible y enigmática, acuática y terrestre, habitante de oscuras cavernas y de soleados pedregales, disimulada en los colores del medio ambiente, mutando cíclicamente la piel, antes de representar los principios opuestos del bien y del mal, del conocimiento y de la perdición, la serpiente se asoció a la energía primigenia, a su latencia, a su potencial.

Los caldeos usaban la misma palabra para serpiente y para vida. Los árabes, como destaca René Guenon, usaban la calificación de serpiente como principal atributo de la divinidad, lo que venía a significar aquel que da vida o que es el origen de la vida. Señora del principio vital y de las fuerzas de la naturaleza, la serpiente era una divinidad que presidía las cosmogonías arcaicas, en donde más tarde se veneró a la Gran Madre, la Madre Tierra, para pasar a ser posteriormente atributo de Isis, Deméter y Cibeles, definiendo la potencia vivificante de la procreación. Incluso Atenas, diosa de la razón nacida del cerebro de Zeus, estaba representada con una serpiente en la mano. En la iconografía cristiana, María, símbolo de todas las madres y madre de Dios encarnado, le pisa la cabeza con el pie.

Como principio vital la encontramos en el tantrismo en forma de Kundalini. Recogida en la base de la columna vertebral, cuando se despierta sube por los chakra hasta permitir la abertura del tercer ojo, la contemplación de lo divino. También en la India, con el nombre de Annata, es, junto con el elefante, el toro, la tortuga y el cocodrilo, uno de los pilares que aguantan el mundo. Un significado cosmogónico tiene el ouroboros, la serpiente que se muerde la cola, símbolo de la manifestación del renacimiento cíclico, de la unión autofecundadora (la cola penetra en la boca), de la perpetua conversión de la vida en muerte y de la muerte en vida. Una representación que es también círculo, mandala, rueda: así, además de creadora, la serpiente es también principio temporal, símbolo de la repetición cíclica de las estaciones.

Según Jung, la serpiente encarna la psique inferior, aquello de nuestro interior que es oscuro, incomprensible, misterioso. Cuando aparece en los sueños expresa una actividad anormal del inconsciente, un conflicto reprimido que intenta manifestarse remontando la conciencia. La interpretación de Jung es, no obstante, restrictiva, ya que pone énfasis en el aspecto primigenio del símbolo, su elevación desde la sombra para sorprender a la presa.

> De esta breve exposición parece claro que la presencia de las serpientes en las imágenes oníricas no puede ser interpretada en sentido general, habida cuenta de los diferentes significados que se pueden atribuir a este símbolo. Una serpiente soñada puede ser síntoma de angustia o de liberación, de represión o de expansión, de castración o de vitalidad del instinto (en particular del instinto sexual). Su representación en el sueño va ligada a la idea que la persona que sueña tiene, o le han inculcado, de la serpiente arquetipo, que naturalmente será diferente según haya absorbido la versión negativa, la ambivalente o, incluso, la positiva (hecho, este último, que se observa solamente en las culturas primitivas).
>
> El arquetipo, en definitiva, aun siendo único, es multiforme en sus aplicaciones, variable y modificable según unas condiciones subjetivas (S. Foglia, *I simboli del sogno*).

En los sueños se intenta hacer un poco al revés: entrar con más dominio en los símbolos que hay en el sueño del niño e interpretarlos colocándolos correctamente, hasta llegar a entender por qué en aquel sueño estaban aquellas personas, aquellos animales o aquellos objetos que se movían en una situación que no era nada familiar. La capacidad interpretativa de descubrir en el plano de la realidad los significados de imágenes, sonidos, sensaciones, secuencias y estados de ánimo depende de la habilidad del padre o la madre que decida dedicarse a hacerlo con interés y constancia, mediante el diálogo y la participación activa con sus hijos.

LA SOMBRA, EL ALMA/ANIMUS Y EL YO

En el contexto de las interpretaciones modernas de los sueños, se hace cada vez más necesario familiarizarse no sólo con las enseñanzas de las escuelas ortodoxas de formación de los psicoanalistas, sino también, y sobre todo, con el estudio de la simbología. De hecho, en los sueños es más frecuente de lo que se cree la presencia de modelos de representación simbólica onírica en los que una persona, desconocida, actúa utilizando formas comportamentales y gestuales y expresiones verbales típicas del individuo que está soñando.

En los sueños aparecen tres elementos principales de la personalidad del individuo, en forma de figuras separadas, unas veces como personas conocidas por quien sueña, otras como personajes ficticios o personificaciones y, más raramente, como otras imágenes.

El primero de estos elementos, llamado **sombra**, es el lado peor del individuo, la personificación de las culpas y de las peores debilidades. El segundo elemento es el **alma** (en el caso de una mujer, el **animus**), es decir, la encarnación de todo aquello que, en el soñador, pertenece al sexo opuesto: en un hombre todo lo que hay en él de femenino, sentimental y emotivo; en una mujer, sus características masculinas. Finalmente, el tercer elemento es el **ideal** o **verdadero yo**, el potencial más alto que el individuo es capaz de alcanzar. Aunque al principio el yo sea sólo una representación vaga del potencial que reside en el futuro, este puede convertirse, después de que los otros dos elementos (sombra y alma/animus) hayan sido integrados a la personalidad, en el verdadero yo.

Los sueños que representan estos elementos de la personalidad recurren a figuras arquetípicas, como por ejemplo héroes, ancianos, ermitaños, el desconocido y la desconocida, o bien animales prehistóricos o míticos, como el unicornio. A partir de los sueños, se pueden obtener informaciones muy valiosas sobre aspectos de la personalidad, y con la ayuda de un experto se puede profundizar en la conciencia del nivel evolutivo personal, con el fin de realizar y afirmar el verdadero yo.

Cualquier aspecto de la personalidad debe prosperar en su propio campo, sin penetrar en la esfera de los otros, ya que cuando esto ocurre, se crea un conflicto; y si este conflicto es continuo debe templar y fortificar el carácter con el propósito de conectarse e integrarse en la personalidad global en cuyo centro se encuentra el yo, más que el ego. El ego es una parte del conjunto del yo, y su conflicto con otras fuerzas interiores de la personalidad aparece de forma predominante en los sueños. El ego comete frecuentemente el abuso de exagerar su especificidad y ahogar todos los otros aspectos del yo; esto lleva a una visión rígida, deformada, materialista, a expensas de lo que es igualmente real y auténtico, aunque inconsistente, inmaterial: la esfera de lo potencial y de lo espiritual.

La interpretación de los sueños y las etapas críticas de la infancia

La interpretación de los sueños de los niños reproduce fielmente el procedimiento seguido con los sueños de los adultos, por lo menos en lo que se refiere al planteamiento. En primer lugar, se deben examinar las imágenes predominantes aparecidas en el sueño, analizando el significado simbólico de cada elemento, pero sobre todo considerando siempre el contexto en el que se desarrolla la actividad onírica.

Otra advertencia indispensable para efectuar una interpretación correcta es la valoración de los sentimientos que ha experimentado el niño. En algunos casos, imágenes que podrían sugerirnos situaciones espantosas en realidad significan que algunos miedos han sido superados. Por ejemplo, la imagen de un fantasma junto a la cama de la persona que sueña hace pensar en momentos de malestar y miedo. Sin embargo, al relatar el sueño resulta que se había establecido un diálogo: se puede pensar que el protagonista ha superado algunos de sus miedos, que ahora controla al enfrentarse directamente a ellos.

El sueño ha de ser un pretexto para hacer reflexionar al niño sobre sus sentimientos y para que salgan a la luz las posibles problemáticas temporales. En definitiva, un momento de afianzamiento y de adquisición, o refuerzo, de la autoestima.

Debemos recordar que el significado de los sueños de los niños está condicionado también por el periodo evolutivo en el que se encuentra cada uno. Como ya se ha dicho, los niños que están empezando a dormir sin pañal al parecer sueñan con más frecuencia con aguas que corren libremente (cascadas, lluvia, arroyos), para superar la tensión generada por la presión de la orina en la vejiga.

El sueño de Marta y sus por qué

Marta, una niña de tres años y medio, cuenta un sueño significativo y muy importante en lo que se refiere a la dimensión de fase evolutiva del aprendizaje, a través de los célebres por qué.

El sueño

Yo estaba en un jardín que parecía el de la abuelita Francisca (abuela materna). Al otro lado de la verja vi muchas abejas. Ya sé que pican, pero yo quería salir para verlas. Pero una señora que no conocía me dijo que me portara bien y me quedara allí. Luego no recuerdo nada más. ¿Por qué no puedo ir a ver las abejas? ¿Por qué tengo que portarme bien, si ya me estoy portando bien?

La interpretación

Al contar el sueño, Marta estaba claramente excitada. Parecía estar muy fascinada por las abejas. Y, a pesar de que son peligrosas porque pican, ella quería verlas de cerca. Esto implicaba probablemente franquear la verja, la frontera o límite que para ella es familiar, como el jardín de su abuela.

Marta está intentando ir más allá, crecer. Con sus por qué quiere ver de cerca la realidad de las cosas, que está aprendiendo en este periodo de crecimiento. Pero quizás exagera con las preguntas, y los adultos que la rodean intentan frenar sus preguntas constantes, con lo cual se crea una situación que ella interpreta como un obstáculo a su sed de conocimiento y se siente injustamente reprimida.

La fase del por qué

En la primera infancia, la curiosidad natural del niño se desarrolla a través de la estimulación de la vista, del gusto, del tacto, del oído y del olfato. Luego, entre los tres y los cinco años, empieza la etapa de querer saber el porqué de las cosas. Llegados a este punto, muchos padres reprimen, sin darse cuenta, el estupor que siente el pequeño ante la vida.

Es cierto que los niños tienen sus propias exigencias, pero si sus peticiones se hacen repetitivas y agobiantes, pueden llegar al borde de la obsesión. Para evitarlo, es preciso

INTERPRETACIÓN

INTERPRETACIÓN

disciplinar la orientación funcional de la relación padres/hijos. Si tenemos otras ocupaciones, podemos responder diciendo que su pregunta es tan importante que no se puede responder de forma inmediata y que hablaremos tranquilamente a la hora del almuerzo. De este modo se superan inútiles y tendenciosas incomprensiones en la comunicación.

El significado de los símbolos

Los cercados. Pueden ser un símbolo de protección y de límite actual del propio conocimiento y la capacidad de relación. En las pesadillas, los niños que tienen problemas de comunicación a veces crean un círculo protector a su alrededor en forma de cercado. Los cercados también sirven para mantener la distancia ante algo que es percibido como molesto o amenazador. Si un niño en un sueño mira a través de un cercado y cuenta que se ha sentido angustiado, puede ser que se sienta excluido del círculo de sus amigos, en el colegio o en su familia.

El sueño de Genoeffa, que está aprendiendo a atarse los zapatos

Genoeffa es una niña de cuatro años que está aprendiendo a hacerse el lazo de los zapatos sola, con todas las dificultades que la operación requiere.

El sueño

Estoy sentada en el jardín de casa; la hierba es alta porque papá no ha tenido tiempo de cortarla. Juego con las briznas de hierba e intento juntarlas todas, pero siempre se me escapan de las manos. Acabo el sueño muy enfadada por lo ocurrido.

La interpretación

El sueño de Genoeffa se refiere claramente al aprendizaje de una tarea nueva, en este caso —lo sabemos por adelantado— hacer el lazo de los zapatos. Además del uso simbólico de las briznas de hierba, que pueden relacionarse con los cordones, Genoeffa afirma que la hierba está alta porque su padre no ha tenido tiempo de cortarla.

Parece, pues, que este papá no se ocupa de ella y de su problema con los zapatos, pero en el sueño él es el punto de partida para manifestar el problema. Y esto porque papá tiene adjudicada la función de solucionar los problemas que surgen en la familia, aunque en esta ocasión no se ocupe del problema de la pequeña Genoeffa, ya que, en realidad, sólo podrá resolverlo ella, con paciencia y meticulosidad.

El aprendizaje de tareas manuales

Gran parte de los cinco primeros años de vida está dedicada a aprender tareas prácticas, como vestirse, atarse los zapatos, cepillarse los dientes, guardar los juguetes en el armario, hacer puzzles, garabatear, dibujar, etc. El éxito en estas habilidades depende en gran medida del ánimo que el niño recibe. Cuando creamos que está preparado para una nueva tarea, deberemos ofrecerle ayuda y gratificarlo, al tiempo que intentaremos ver si hay algo que sea demasiado difícil para él en ese momento.

Quizás el padre sólo debe prestar un poco más de atención cuando su hija se dispone a realizar esta operación e infundirle confianza con alguna gratificación.

El significado de los símbolos

Objetos que resbalan de las manos. En general indican que el niño se siente incapacitado porque algo se le escapa sin que pueda controlarlo. Es importante averiguar de qué tipo de objeto se trata, para tener una pista sobre sus problemas.

Jardín. Generalmente indica que el niño disfruta de la vida, tanto si el sueño se desarrolla en el jardín propio como en un parque desconocido. En el primer caso, la alegría y el bienestar están directamente relacionados con el hábitat familiar, mientras que en el segundo caso están relacionados con el mundo externo.

INTERPRETACIÓN

El sueño de Marco sentado en el orinal

Marco es un niño de cuatro años que tiene el problema de hacer caca en el orinal.

El sueño

Estoy en mi habitación, sentado en mi sillita, pero no estoy cómodo porque la silla se mueve. Intento sujetarme a ella, pero continúa moviéndose y me da miedo. Luego veo por la ventana el cielo y una gran nube que me mira y se ríe. Yo no me río, tengo miedo, y la nube se ríe cada vez más. Entonces me pongo a llorar, y no se me pasa.

La interpretación

La madre de Marco está muy preocupada porque su hijo no es capaz de hacer caca en el orinal. Muchas veces se aparta y después dice que se lo ha hecho encima. Muchas veces dice que tiene ganas de hacer caca, intenta sentarse en el orinal, pero pronto pierde la paciencia y vuelve a jugar, sin haber «depositado» nada. Y si le riñen, Marco afirma que el orinal le molesta.

La sillita, en el sueño, se relaciona con el orinal, y la rigidez de Marco al aguantarse sobre la silla que se mueve es paralela a su obstinación en no quererlo. La nube, en cambio, representa algunos aspectos de la madre y de otras personas, que pueden reírse de él porque se ensucia.

Aprender a usar el orinal

Se necesita mucha paciencia, por parte de los padres y del niño, para aprender esta nada fácil función. Es importante que los padres, o los otros adultos que siguen el proceso, se comporten con sentido de planificación y una actitud positiva, de modo que se transmita confianza al niño.

Los episodios sin éxito —como el intento frustrado de estar sentado en el orinal, durante más o menos tiempo, esperando que se produzca la evacuación, o bien cuando el niño no es capaz de retenerse y se lo hace encima mientras está jugando o durmiendo— no deben ser comentados por los adultos con palabras que puedan minar la voluntad y la confianza del pequeño, y comprometer el éxito de la operación, e incluso el normal funcionamiento de los esfínteres.

Cuando el pequeño se niega a usar el orinal hay que tener la paciencia necesaria para decir: «Lo intentaremos después, ahora no importa». Es muy importante tener una actitud positiva en el caso de que el niño haya defecado correctamente durante unos días y luego, de pronto, empiece nuevamente a hacérselo encima. Existen diferencias notables en el tiempo de aprendizaje: hay quien sintoniza rápidamente con su cuerpo y quien se deja distraer más fácilmente. El comportamiento del niño está influenciado también por las presiones externas.

El significado de los símbolos

Niño que en el sueño se siente observado. El niño puede sentirse observado cuando en la realidad es objeto de atenciones no deseadas, por ejemplo, cuando ha sido castigado y tiene la sensación de que todos observan sus movimientos.

El sueño de Graziella, que acaba de mudarse con la familia

Graziella es una niña de nueve años que está atravesando un periodo de adaptación debido al cambio de casa y, en consecuencia, de colegio.

El sueño

Me sentía atrapada en una esfera que parecía una pelota, pero no estoy segura. Iba vestida con muchos colores, pero no me gustaba, me notaba extraña, incluso un poco tonta. Tenía la sensación de que la pelota se movía, como si rodara. Estaba asustada porque no sabía qué estaba ocurriendo y dónde podría acabar si seguía rodando. Buscaba a mamá y mi casa. Me desperté gritando.

La interpretación

Cuando se despertó de la pesadilla, Graziella estaba tan alterada que no logró dormirse de nuevo. Sentirse completamente incapaz de

INTERPRETACIÓN

INTERPRETACIÓN

Cambiar de casa y de colegio

Normalmente mudarse de casa provoca en los niños una cierta ansiedad. Cuanto mayor es el niño, más difícil suele resultar la adaptación, especialmente si la situación previa al cambio era positiva en cuanto a buena adaptación y lazos sólidos de amistad. Uno de los temores más habituales de los niños en edad escolar es la dificultad de entrar en un grupo ya consolidado. Los más pequeños, en cambio, se dejan llevar fácilmente por la excitación de la novedad: participan en la elección de los muebles para su habitación y exploran el nuevo barrio con sorpresa y deseo de conocerlo. Es importante que los niños puedan hablar de sus sensaciones de felicidad o soledad con los padres, quienes, por su parte, deberán ofrecer el apoyo necesario para ayudarles a adaptarse a la nueva situación.

controlar la pelota que rodaba, con ella dentro, la hizo sufrir. Pero lo que más le preocupó y le asustó fue el hecho de no saber adónde se dirigía la pelota —la esfera.

La ropa, que para ella es estúpida, transmite la idea de sentirse como un pez fuera del agua, disonante.

El cambio de casa y de colegio comporta la pérdida de las referencias ya conocidas, suscita el temor por lo incierto y genera en la niña la sensación de estar a merced de los acontecimientos externos, que le son desconocidos y le causan terror. Prueba de ello es que se despierta presa del pánico buscando las referencias a las que está más arraigada (como ocurre con la mayor parte de las personas y, sobre todo, con los niños): la madre y la casa.

El significado de los símbolos

Niño que sueña que está atrapado. El niño puede sentirse atrapado cuando se ve imposibilitado o incapaz de expresar cómo es él mismo.

Vestir de manera inadecuada, mientras los demás observan. El niño está preocupado por mostrar sentimientos que, por el contrario, desearía mantener ocultos.

Vehículos incontrolables (en este caso la pelota). El niño necesita ayuda para controlar sus propios sentimientos negativos.

El sueño de Francesca y el dolor que siente por la pérdida del perro

Francesca es una niña de seis años que está pasando por momentos de mucha pena. Ha perdido a *Tobías*, el perro al que cuidaba jun-to con sus padres. El animal ha muerto por causas naturales.

El sueño

Miraba por la ventana de mi habitación, era de noche y me parecía ver a Tobías corriendo por la calle. Me levanté y lo llamé: «Tobías, ven aquí conmigo, ven, no te vayas». De tanto gritar no podía ni respirar y me desperté sudando y asustada.

La interpretación

La pesadilla de Francesca gira en torno a la sensación de haber visto a *Tobías* en el patio, por la calle. Es evidente que la pesadilla tiene su origen en el dolor por la pérdida del perro.

El miedo y el espanto de Francesca no se manifiestan hasta que se da cuenta de que está sola, en la oscuridad. Después de gritar llamando al perro, se produce una apnea respiratoria que ha activado el pánico y la ha despertado de la pesadilla.

El impacto de la muerte

Los niños de menos de cuatro años muchas veces se muestran indiferentes ante la muerte. Normalmente les afecta más el dolor de los demás que la idea de no ver más a una persona querida o al animal que ha muerto. Todavía no tienen una concepción clara del tiempo y no son capaces de entender qué puede significar una desaparición definitiva. Pasada esta edad, los niños viven intensamente el luto y tienen más conciencia de la noción del tiempo y de lo que significa que alguien no volverá nunca más.

La pérdida de un animal muchas veces es su primer contacto con la muerte, que puede hacerles entender mejor sus emociones y ayudarles a gestionar sentimientos de tristeza o de rabia.

INTERPRETACIÓN

El significado de los símbolos

Perder a una persona o un animal. En el sueño el sentido de la pérdida está representado frecuentemente por la separación de una persona o un animal que han muerto, y va acompañado por un sentimiento de ansiedad. El niño puede necesitar que le digan que no perderá a nadie más.

Animal muerto o persona a la que ya no se puede ver. Estos símbolos indican, por lo general, una situación que ha quedado en suspenso. El niño no ha podido, o no ha sido capaz, de dar su adiós personal como hubiera querido. En tal caso deberemos preguntarle cómo le gustaría recordar al animal o a la persona que ha perdido.

El sueño de Giaccomo y el dolor que siente por la separación de sus padres

Giaccomo es un niño de cinco años que sufre el problema afectivo del abandono y la separación de los padres. Sus padres se han separado oficialmente, pero no de forma amistosa, y hay tensiones que generan en el niño sentimiento de culpa y de velada responsabilidad. Aunque los padres le han explicado la incompatibilidad de sus caracteres, Giaccomo no acepta su separación.

El sueño

Estoy en mi habitación y me siento muy solo. Hace mucho frío, me parece que es invierno, busco por la casa a papá y mamá, pero nadie me responde. Luego voy a la cocina y allí está la abuela Lucía, la mamá de mamá, que me dice que deje de buscarlos porque se han marchado y no volverán hasta mañana. Me despierto con mucho miedo.

La interpretación

La pesadilla de Giaccomo gira en torno a la sensación de estar muy solo y tener frío. Su habitación ya no tiene calor ambiental ni afectivo, y él se siente abandonado. Busca desesperadamente a su padre y a su madre, pero en casa sólo encuentra a la abuela, que quiere tranquilizarle, pero no le infunde sensación de serenidad. Giaccomo teme que al día siguiente tampoco verá juntos a sus padres.

El significado de los símbolos

Abuela materna. Es la madre de la madre, una de las figuras más importantes de la primera infancia. La abuela materna se manifiesta en el sueño en momentos de mucho miedo y, casi siempre, de cambios que tienen implicaciones afectivas profundas, acompañadas de dolor y soledad. Ofrece una imagen tranquilizadora, de ternura y sentido práctico.

El impacto de la separación de los padres

Los niños, de cualquier edad, sufren mucho con la separación de los padres. No saben muy bien de qué se trata, pero intuyen que habrá que revisar el orden familiar, y esto no es de su agrado. A los niños de menos de seis años, sobre todo, les gusta la rutina y les puede causar un importante trastorno, a lo cual hay que añadir el miedo a la posibilidad de ser separado de uno de los padres. Difícilmente aceptan la idea de no volver a verlos juntos, y esto puede generar fantasías en las que los niños se creen responsables de la situación y se sienten culpables. A veces, por tal de juntar a los padres, adoptan las estrategias más extravagantes e impensables, llegando incluso al extremo de causar verdaderos «desastres».

Para los niños, la separación de los padres es motivo de escisión y puede causar heridas afectivas profundas, que provocan ansiedad y miedo a la muerte.

El sueño de Ornella y la llegada del hermanito

Ornella es una niña de seis años que tiene el problema afectivo de aceptar la llegada de un hermano. Los padres se han esforzado en prepararla y ella parecía motivada: había mostrado sentimientos de ternura hacia la barriga de su madre y había iniciado una comunicación con Stefano, el pequeño que estaba en camino. Todo transcurrió bien hasta que vio entrar en casa a la madre con el pequeño. Primero hubo una serie de caprichos y de rechazos, poco después una frase que causó preocupación: «¿Este tío hasta cuándo tiene que estar con nosotros?». A partir de ese momento Ornella tuvo pesadillas, con una frecuencia irregular.

El sueño

Estoy en mi habitación jugando con mis muñecas. De pronto una muñeca se pone a llorar y avanza hacia mí. Me quiere tocar, pero yo huyo asustada, me da miedo, no la quiero y me despierto de golpe.

La interpretación

Esta pesadilla de Ornella es hasta demasiado clara y evidente. La muñeca que de pronto toma vida y se dirige llorando hacia ella es precisamente el hermanito que ha tenido en la realidad. Mientras fue un muñeco, dentro de la barriga de mamá, todo iba bien, porque era circunscribible; pero cuando llegó de verdad, se pusieron en marcha los temores y los dramas. Ornella tiene miedo de ser tocada, no soporta los llantos y no lo quiere.

El significado de los símbolos

Embarazo de la madre. Es el signo de la vida, de la continuidad y de la vitalidad, que se anuncia como novedad destinada a causar modificaciones en la afectividad personal de la persona que tiene el sueño.

Hermanito. Más que un amigo y compañero, se ve siempre un poco como un intruso, un ser humano extraño y desconocido que rompe los equilibrios afectivos y relacionales en el seno de la familia, que roba la exclusividad y el protagonismo.

El nacimiento de un hermano

Los niños de seis años son capaces de dialogar y han adquirido casi por completo el concepto del tiempo. Por lo tanto, se les puede preparar, con un poco de esfuerzo, para que acepten con satisfacción la llegada de un hermano. Sin embargo, este esfuerzo no siempre tiene su premio, como demuestra el hecho de que, para Ornella, su hermano Stefano representa un intruso del que debe librarse. Situaciones como esta deben relacionarse con el temor de perder o compartir el afecto de los padres, que hasta aquel momento era exclusivo. Entonces surge también la obsesión por la casa y todo lo que esta contiene, con especial referencia a la habitación y los juguetes. En tal caso hay que asegurar al hermano o la hermana mayor (que acaba de estrenar grado) que no le faltará nada de lo que ha tenido, que el afecto de mamá y de papá es tan grande que abarca a ambos hijos, sin quitar nada a ninguno de los dos, y que los juguetes y los espacios de la casa, si se comparten, serán todavía más alegres y divertidos.

En el caso concreto de Ornella, sería conveniente motivarla para que considerara al hermano como un niño un poco suyo, activando el sentido maternal innato de las niñas, pero procurando no aumentar las pequeñas responsabilidades asignadas en el día a día, intentando así involucrarla afectivamente. Movida por el sentimiento de culpa por su reacción en contra, a Ornella le podría quedar grande el papel de pequeña mamá: quizá se apaciguaría, pero a costa de espontaneidad e integridad.

Psicología del imaginario: fantasía, juego, sueño

Las emociones

En los sueños se liberan emociones y sentimientos que durante el día no se han entendido o han sido inhibidos, por respeto a una ética comportamental o por una forma de autocensura. Conviene enseñar pronto a los niños a aceptar su vida emotiva, para que sean capaces de reconocer los sentimientos que experimentan y hablar de ellos. De este modo les resulta más fácil manejarlos. A veces incluso los adultos tienen dificultades para controlar las emociones, y en la mayor parte de los casos ello se debe precisamente al hecho de no haber sido acostumbrados, desde pequeños, a darles el espacio que les corresponde. Es más, hasta no hace demasiados años, en la cultura occidental se negaba a los niños algunas expresiones de sus sentimientos: a los varones no se les permitía llorar, bajo pena de ser comparados con una mujercita, mientras que a las niñas se les asignaban tareas de más responsabilidad que a sus hermanos, que las hacían crecer antes de tiempo y reprimir la despreocupación típica de la infancia.

Una muestra del poco interés por las emociones a nivel consciente la tenemos si pedimos al lector que describa su estado de ánimo actual, tras un momento de reflexión. También podemos pedirle que describa qué es la rabia, la tristeza, la alegría, indicando con qué parte del cuerpo las expresa, qué siente, cómo se modifican en una emoción diferente, si pueden coexistir con otras, y cosas por el estilo. Probablemente habrá lectores que se sentirán agobiados por este encargo. Y, sin embargo, quien quiera que desee realizar un buen trabajo de interpretación de los sueños debe saber que es fundamental conocer los sentimientos, las emociones y los estados de ánimo. Pasiones, afectos, sentimientos y emociones animan desde siempre la historia de las ideas y los comportamientos del hombre, de manera explícita y articulada en la reflexión filosófica y bajo formas difusas y míticas en las representaciones literarias y artístico-figurativas. Aunque los seres humanos prefieren destacar su racionalidad, su naturaleza sigue siendo eminentemente emotiva y afectiva. Las emociones y los sentimientos son nuestro principal lazo de unión con cosas y personas, y las experiencias nos enseñan a través de las emociones que suscitan, antes que con los hechos o los racionamientos sobre ellas.

La emoción es una variable compleja porque es omnipresente, se manifiesta de varios modos y tiene la capacidad de influir en el funcionamiento del organismo a todos los niveles: de las ideas, mental, neurológico, visceral, somático, cognitivo, comportamental, endocrino e inmunológico.

Se puede afirmar que la emoción comparte con las pulsiones y los procesos cognitivos la función de regular todos los procesos psíquicos, como la percepción y la elaboración de las informaciones, la facilitación o la inhibición de los procesos de memoria y de decisión, así como la selección de las respuestas expresivas y comportamentales. Se diferencia, en cambio, de otros procesos por la función crucial que desempeña en la regulación de comportamientos sociales e interpersonales y por características unidas entre sí: las emociones, a diferencia de las pulsiones, se manifiestan con la voz, las posturas y las expresiones faciales en formas específicas, no aprendidas, sostenidas por predisposiciones neurológicas innatas, desarrolladas a lo largo de la evolución de la especie. A consecuencia de ello, las emociones —por lo menos las fundamentales, como la alegría, la rabia, la tristeza, la sorpresa y el miedo— son un instrumento de comunicación directo y eficaz, basado en señales producidas espontáneamente y reconocidas de inmediato, señales que tienen una validez universal.

Esta universalidad del lenguaje de las emociones, demostrada por numerosos estudios, es una confirmación de lo que ya sostenía Darwin: las emociones desempeñan una función esencial de adaptación, y con este objetivo están asociadas a un conjunto de reacciones fisiológicas y comportamentales que permiten afrontar eficazmente las situaciones emocionantes.

Emociones

Categorías emotivas	Ejemplos y definiciones
Emociones (propiamente dichas y *shocks* emotivos)	*Ejemplos:* alegría, dolor, disgusto, miedo, rabia, tristeza, sorpresa, vergüenza, orgullo *Definición:* son modificaciones del tono emotivo, transitorias pero de intensidad significativa, con orientación y preparación hacia áreas de acción específicas
Sentimientos	*Ejemplos:* estimación, odio, envidia, admiración, seguridad, inseguridad, simpatía, antipatía *Definición:* son modificaciones del tono emotivo estables y duraderas, pero de intensidad relativamente moderada; forman parte del sistema personal de valores y orientan elecciones y valoraciones
Pasiones	*Ejemplos:* amor, odio, entusiasmo, indignación, depresión, fervor, terror *Definición:* son modificaciones del tono emotivo bastante duraderas, constantes o recurrentes, o en evolución, y de fuerte intensidad. Al igual que los sentimientos, forman parte del sistema de valores y determinan elecciones y valoraciones
Humor	*Ejemplos:* humor sereno, colérico, alegre, triste, eufórico (buen humor), desazón (mal humor) *Definición:* es el tono emotivo de base, susceptible de sufrir cambios; corresponde a la disposición emotiva relativamente constante y reconocible del individuo, durante un periodo determinado
Temperamento y rasgos emotivos	*Ejemplos:* temperamento colérico, alegre, melancólico, ansioso; aspectos de la personalidad como los arranques de ansiedad o de rabia, la vulnerabilidad emotiva, la irritabilidad, la curiosidad *Definición:* los componentes emotivos del temperamento son disposiciones emocionales muy constantes y características, constitucionales, a modo de fondo en el que se dibujan toscamente las distintas vivencias afectivas y por el que quedan influenciadas y codeterminadas. Los rasgos emotivos de la personalidad caracterizan al individuo en lo que se refiere a la facilidad de movilizar determinados procesos emocionales

Las emociones en el sueño: un juego-ejercicio útil

Es evidente que durante los sueños se sienten emociones, y es fundamental saber qué emoción pude atribuirse al sueño que está siendo examinado. Por eso es importante que tanto el padre como el niño sean capaces de atribuir al sueño las sensaciones que lo acompañan. Esta operación tiene una doble vertiente. Por un lado, hablar de emociones es una manera, para el padre o la madre, de estar más en sintonía con su hijo. Por otro lado, los sueños son una ocasión de describir y reflexionar sobre las emociones, y ello permite aprender a estar en armonía con uno mismo y con la familia.

Una de las causas por las que los niños no quieren dormirse son las emociones demasiado fuertes, que quizá la noche anterior les han provocado sobresaltos estando en la cama. Ante sensaciones como el miedo o la rabia, se sienten desprotegidos, porque en realidad no las comprenden. Se sienten vencidos por una energía que les llega de pronto y que no saben controlar. Cuanto más se favorece que los niños expresen la necesidad de ser consolados, con una actitud de máxima disponibilidad y confort, incluso aunque el episodio tenga lugar en plena noche, más se propicia la toma de conciencia de las emociones, lo cual significa admitirlas, reconocerlas y aceptarlas como parte natural y potencialmente sana de la condición humana.

A continuación hemos seleccionado las emociones principales para ofrecer algunas sugerencias útiles a la hora de tratarlas con los niños. Recomendamos proponer estas reflexiones en forma de juego. Se pueden tomar como punto de partida diversas situaciones. Por ejemplo, en un momento en que se está jugando y riendo se puede preguntar directamente a los niños qué están sintiendo en ese momento; se espera la respuesta, que podría ser «alegría», y de ahí se puede seguir con una serie de comparaciones con la felicidad y el júbilo, intentando describir las diferencias y las analogías.

Otra ocasión puede ser un momento en que el niño está absorto en una película que puede generar miedo; en este caso, incluso se puede experimentar conjuntamente cómo salir de un estado de pánico excesivo, comprobando con pericia que es posible controlar las sensaciones dolorosas, o que crean malestar, y transformarlas en emociones positivas.

Sin embargo, cabe efectuar una aclaración: no es fácil describir detalladamente las emociones (a este respecto es excelente el trabajo de Descartes *Las pasiones del alma*, en *Obras científicas*, fruto de profundas consideraciones sobre sus sensaciones). Ciertamente, se pueden seguir unas líneas guía, pero hay que tener en cuenta siempre que las emociones también son subjetivas, en el sentido de que cada individuo las experimenta de una manera propia. El objetivo que se busca es reconocer las emociones, que aparecen en los sueños, para aprender a administrarlas correctamente.

El juego-ejercicio para aprender a reconocer las emociones, y poder clasificar los sueños junto a los propios hijos, puede desarrollarse considerando inicialmente las emociones principales, que describiremos a continuación. Poco a poco, según la edad del niño, se pueden añadir emociones más raras. Las descripciones pueden realizarse dialogando. A partir de los ocho años puede ser útil escribir las reflexiones que se realizan. Así se actúa en la parte menos consciente y se activa una forma de autocuración que puede ayudar al niño a superar el miedo a un determinado sueño o a entenderlo mejor.

Las emociones positivas

Felicidad. Es como si un rayo luminoso irradiara todo el cuerpo, especialmente a la altura del pecho, relajándolo y, al mismo tiempo, transmitiéndole energía. Uno tiene la sensación clara de percibirse, en los planos físico y mental. También influye en el rostro, que adquiere una expresión sonriente y distendida. Es una emoción positiva que favorece el éxito de prácticamente todos los propósitos.

Es conveniente reconocer esta emoción e intentar vivirla. Es más, se trata de la emoción que hay que tener como referencia cuando se debe iniciar el proceso de transformación de las emociones negativas en positivas. Esto enseña a pensar de una forma positiva, estimula el aprendizaje y la laboriosidad.

Júbilo. Presenta analogías con la felicidad; de hecho, se puede decir que en un cierto sentido es la exaltación de la felicidad. Las sensaciones que se le atribuyen son explosivas, como la fibrilación, y hacen vibrar todo el cuerpo. El júbilo está ligado a acontecimientos muy agradables, como la consecución de buenos resultados, y, por eso, apoya el compromiso individual hacia una meta. Es muy positivo porque refuerza la autoestima y la confianza en las propias capacidades.

Las emociones negativas

Miedo. Es una sensación que tiende a bloquear al individuo. Uno se siente desfallecer y se encoge ante una situación que causa espanto. Pero, en realidad, reacciona estando atento, observando todo lo que le rodea y, si es necesario, escapa. Entonces, el miedo tiene una utilidad: nos ayuda a defendernos de los peligros, como si fuera una explosión de energía que nos permite darnos a la fuga. En definitiva, nos protege.

No hay que avergonzarse de tener miedo. Es una reacción natural y útil. Sólo hay que procurar que no nos venza.

Rabia. Nos hace estar mal, en tensión. Nos hace reflexionar repetidamente sobre algo que consideramos una injusticia. Hay quien la siente en el estómago, y quien la siente en el rostro. Provoca el deseo de desahogarse a puñetazos. Es útil porque permite defenderse cuando se sufre un ataque o ponerse del lado de personas que sufren injusticias. Si la rabia se delimita, se reconoce y se contiene, estimula una reacción para defender la opinión y los derechos propios.

Tristeza. Cuando se está triste, en general no se tienen ganas de comunicarse con nadie, sino más bien de estar a solas con uno mismo, de reflexionar o de dejar que fluya esta emoción penosa. Las partes del cuerpo que más intervienen en esta emoción son el corazón, la garganta y el rostro.

El objetivo de la tristeza es participar en los acontecimientos y los sentimientos ajenos, y reflexionar sobre uno mismo y los demás para aprender a ser útiles en situaciones difíciles.

La frontera entre los sueños oníricos y los sueños con los ojos abiertos

Los niños tienen una fantasía muy fecunda y muchas veces juegan durante el día con objetos, animales o personas imaginarios. Hablan y se relacionan con estos compañeros de juegos con tanta implicación como si realmente estuvieran presentes. Esto evidencia el espacio que ocupa lo imaginario en la mente de un individuo pequeño. Entonces, cabe plantearse la cuestión de qué grado de fiabilidad se puede dar al relato de un niño sobre su sueño. ¿Qué certeza se puede tener de que lo que cuenta se refiere a hechos que ha soñado realmente y no que ha imaginado estando despierto?

Lo cierto es que no es demasiado importante establecer los límites de una historia imaginada en un momento de vigilia o vivida en un sueño. Lo que cuenta es el contenido. Una fantasía realizada con los ojos abiertos, tanto en el niño como en el adulto, puede revelar deseos y expectativas, temores y miedos, que necesitan una elaboración.

Un consejo que podemos sugerir a los padres que quieran interpretar los sueños de sus hijos es prestar atención al juego, que se convierte en un elemento de ayuda que surge ante ellos espontáneamente. La fantasía expresada en el juego nos aproxima a la comprensión de cómo se forma el mundo simbólico del niño. En términos prácticos, el juego puede convertirse en el punto de partida, en la primera referencia para entender las primeras formas de analogía simbólica, que debe aplicarse también a los temas soñados.

Para sintonizar con el mundo interior del niño debe buscarse el significado simbólico en las acciones de juego, y para ello habrá que considerar la elección de los juguetes, el tono de voz, la expresión del rostro. Puede ocurrir, por ejemplo, que un niño de casi tres años que ha dejado de llevar el pañal algunas veces no pueda contener la orina mientras duerme, con el resultado de estar de pésimo humor durante el día siguiente. La reacción más acorde por parte de los padres es tener paciencia, contener el malestar del niño (¡y el suyo propio!) y, al mismo tiempo, fijarse en lo que expresa mientras juega. Esto tiene un doble objetivo: transmitir la tranquilidad necesaria para infundir seguridad y confianza en sus posibilidades de no hacerse pipí y, a la vez, delimitar el motivo del comportamiento malhumorado.

Retomando el análisis de este episodio, hay que puntualizar que el protagonista cree que no puede controlar la función de la vejiga, y por eso se siente mal y adopta una conducta provocadora, para no ser atacado (amonestado o ridiculizado porque moja la cama). En síntesis, el pequeño se desafía a él mismo, y a los demás, para demostrar sus capacidades. Finalmente, cuando lo llevan al parque decide ir al columpio, que hasta entonces temía porque lo veía muy alto y sin un lugar claro en donde agarrarse. Y logra hacerlo con la complicidad y la ayuda del padre, que lo anima transmitiéndole el mensaje de fondo: «Súbete tranquilo, tienes la situación bajo control, no vas a caerte». Por analogía, el desafío y la superación de un miedo a través de la habilidad física propia, que se materializa en el hecho de subirse al columpio, empezar a oscilar y aumentar de velocidad, favorecen la superación de la problemática ligada al control de la vejiga. Así, una acción de juego ha servido de forma de autocuración en un periodo transitorio de dificultades, en el que el niño parecía haber perdido habilidades ya adquiridas.

A menudo el mismo mecanismo se desarrolla en los sueños: basta escucharlos e intentar entenderlos para que tengan un efecto terapéutico. La interpretación de posibles problemas que surgen en los sueños puede realizarse a través del juego. Los sueños y los juegos están directamente relacionados, porque liberan al niño de las ataduras e inhibiciones impuestas por la vida de cada día. Y, además, en el mundo infantil hay más transparencia y menos complejidad al ocultar el motivo de fondo simbolizado en una fantasía, así como una predisposición directa a la percepción de mensajes claves útiles para superar un problema.

SUEÑO Y JUEGO EN PSICOANÁLISIS

A partir de estas observaciones nace la técnica psicoanalítica del juego. Según Freud, a través del juego el niño puede repetir las experiencias dolorosas y elaborarlas, activando la capacidad de disfrutar de una reparación imaginaria que le permite superar las dificultades. Para acabar de elaborar definitivamente esta teoría sobre el juego hace falta la intervención de Melania Klein, cuya gran aportación es determinar las exigencias primarias del niño que deben analizarse. En primer lugar, suprime el diván porque, según afirma ella, no hay peor tortura que tener a un niño en una cama haciendo asociaciones libres. Klein no sólo interpreta las palabras, sino también las actividades de los niños, intuyendo que su modo natural de expresarse es el juego y que el adulto debe comunicarse con él a través de este lenguaje. Para un niño, el juego no es un mero pasatiempo, sino el trabajo fundamental que le permite crecer y alimentar el pensamiento simbólico y el espacio mental. Por medio del juego, el niño no sólo aprende a dominar el mundo externo, sino también a controlar la angustia de su mundo interno, elaborando conflictos y fantasías. «En el juego los niños reproducen simbólicamente fantasías, deseos, experiencias» (M. Klein, *Psicoanálisis del juego; su historia y su significado*), y al hacerlo utilizan el mismo lenguaje y la misma forma de expresión arcaica y filogenéticamente adquirida que se conoce perfectamente en los sueños. Por lo tanto, podemos entender lo que expresan los niños en el juego aplicando el mismo método elaborado por Freud para interpretar los sueños. Klein sostiene, además, que el juego del niño expresa preocupaciones, conflictos y fantasías, pero también ofrece la oportunidad de aliviarle del sufrimiento experimentado.

En 1927, Jung se expresa sobre el problema de la actividad arquetípica del niño: «La vida psíquica del niño, al igual que la del hombre primitivo, está inmergida en el inconsciente, y en ella predominan las funciones irracionales, como la intuición y la sensación. Puede ser que en los sueños de los niños aparezca material psíquico típico de los pueblos primitivos y por tal razón, para comprender los motivos del inconsciente del niño, no basta con hacer referencia a los movimientos del inconsciente personal, sino también a los de los inconsciente colectivo» (C. G. Jung, *El problema del inconsciente en la psicología moderna*).

Los temas de la identidad inconsciente y de la *participation mystique* abrirán posteriormente la puerta a los trabajos de autores como Erich Neumann, Dora Kalff, Michael Fordham y Zublin, quienes, aun aportando contribuciones teóricas singulares y diferentes dentro del debate sobre la terapia infantil (desde el juego de la arena de Kalff hasta el uso del dibujo de Fordham), coinciden todos con Melania Klein sobre el carácter insustituible del juego y el valor de una terapia no solamente verbal con los niños.

Por qué hablar del juego

Observar a un niño jugando nos permite descubrir elementos que nos servirán para ayudarle a dormir bien, porque podemos obtener indicaciones útiles acerca de sus preferencias y sus miedos, las incomodidades y los temores que pueden causarle turbación en los sueños. Y, siempre a través del juego, podemos preguntar al niño qué ha soñado e intentar ayudarlo a recordar, proponiéndole un punto de partida.

El hecho de jugar con los niños nos coloca en una situación de complicidad y entendimiento que mejora la relación y la comunicación con ellos. Jugando adquirimos una importancia mayor ante sus ojos, y ello nos dará más posibilidades de ser escuchados y de que hagan caso a nuestros consejos. Esta vía lúdica favorece un aprendizaje sin constricciones y, por consiguiente, más eficaz. El juego tiene la particularidad de hacer partícipe y activo a quien juega. Además, aborda muchos aspectos de la experiencia humana, y los hace potencialmente más ricos y significativos.

Son varias las modalidades de juego que podemos proponer a nuestros hijos para ayudarles a identificar mejor sus sentimientos y su mundo interior, así como a recordar y contar sus sueños, reconociendo al mismo tiempo lo que puede asustarles y generarles temor antes de dormirse. A continuación, veremos cuáles son.

La modalidad pictórica

Es un medio para leer cómo se relaciona el niño con el tema del sueño. Se le propone dibujar el contenido y el objeto, en caso de haberlo, que le causó el miedo.

Esta modalidad de análisis permite obtener información directa sobre el mundo interior del niño, que puede emerger a nivel inconsciente a través de los dibujos que lleva a cabo, de la observación de las representaciones y de las consideraciones ligadas a la elección de los colores.

La modalidad de agrupamiento

Se agrupan, conjuntamente con el niño, elementos de la naturaleza u otros objetos útiles para ilustrar algunas realidades pertenecientes al mundo exterior, que el pequeño va descubriendo y con las que va soñando: ramas de árboles, hojas, flores, piedras, cortezas de castañas, tierra, todos ellos objetos que favorecen la adquisición de conocimientos concretos de elementos que el niño todavía no conoce por completo. Y paralelamente se aprovecha para profundizar en sus conocimientos lingüísticos y en su relación con el mundo que le rodea, enseñándole a relatar los sueños de manera cada vez más detallada.

La modalidad rítmica

La música y el movimiento combinados con el juego potencian la motivación y el aprendizaje. Por ejemplo, se pueden cantar canciones que ayuden al niño a memorizar una serie de cosas que hacer antes de dormir: ordenar los juguetes, ocuparse de la higiene personal, ponerse el pijama, escuchar una nana y abandonarse a la relajación previa al sueño.

La modalidad de juego simbólico

Es un juego a través del cual el niño crea situaciones copiadas del mundo adulto e intenta reproducirlas. El niño cabalga con un bastón imaginando que es un caballero o se sienta sobre una caja de madera y finge conducir un automóvil. Esta modalidad se considera particularmente importante para el desarrollo del niño porque marca el paso del plano de la percepción al de la representación mental de las imágenes.

Aprender a jugar con símbolos significa favorecer el proceso de activación de las funciones oníricas del sueño. En el juego simbólico, el niño adquiere la capacidad de representar en la realidad del diálogo y del comportamiento los procesos de la imaginación, de la fantasía y de la creatividad, que son, como se sabe, inherentes al sueño. Esta modalidad es un escenario de entrenamiento para contar y representar, en la realidad, el contenido imaginario de los sueños. Con ella, el niño aprende rápidamente y de manera natural a distinguir la realidad de los procesos imaginarios soñados. En este juego, además, se evidencia la adquisición de la capacidad mnemónica del niño, que mientras juega reproduce situaciones vividas en el sueño.

La habilidad en el juego de ficción se adquiere gradualmente. En la fase inicial, el juego está sugerido por los adultos, y su desarrollo tam-

Las Nuevas Orientaciones Didácticas, el juego, los sueños: un testimonio

«He observado el desarrollo de los juegos escolares en las clases de párvulos del Colegio Verna de Turín (al que agradezco la hospitalidad y la colaboración prestadas), y los he agrupado en modalidades que abarcan todo el recorrido necesario para una línea didáctica adecuada. También he descrito su utilidad pedagógica según lo que prevé en Italia el decreto ministerial conocido como Nuevas Orientaciones, y la he comparado con las observaciones de eminencias en psicología, psicoanálisis y pedagogía. Las actividades didácticas de párvulos se desarrollan en su mayor parte con propuestas de juegos. El ministro de Educación, al proporcionar las orientaciones de la actividad educativa de la escuela de párvulos, sienta precisamente la actividad lúdica en la base de la metodología de la escuela. En el decreto ministerial de 3 de junio de 1991, conocido con el nombre de "Nuevas Orientaciones Didácticas", el juego se define como un recurso privilegiado de aprendizaje y relación. A fin de activar las estrategias de pensamiento, el educador debe estimular mediante el juego la curiosidad originaria del niño para comparar situaciones, plantear problemas, construir hipótesis y elaborar y confrontar esquemas de explicaciones. Las Nuevas Orientaciones especifican que el juego sirve para estimular actividades generales de asimilación y elaboración de las informaciones, como memorizar, representar, entender las relaciones espaciales y causales, y solucionar problemas. Las modalidades lúdicas se han mostrado como una indicación valiosa para hablar de sueños con los niños» (O. Gadoni, *El juego y los niños*, tesis de licenciatura en pedagogía, Universidad de Turín, 1998).

bién está condicionado por el apoyo de un adulto; además, sólo tiene lugar en la interacción entre niño y adulto (posteriormente tendrá lugar en la interacción entre niño y niño).

Los sueños pueden convertirse en relatoterapia: para vencer ansiedades, miedos y trastornos nocturnos

Como ya hemos visto, para interpretar los sueños de los niños normalmente se toman las imágenes que los animan como elementos de análisis. Además de llegar a una interpretación correcta, que puede aclarar algunas problemáticas subyacentes, el material de la actividad onírica también puede ayudar a superar un problema mediante el recurso de la relatoterapia.

Codificar y representar el sueño como un cuento lleva a la superación de los estados de ansiedad y agitación emotiva y nerviosa nocturnas. En este caso es fundamental aprender la técnica del sueño como terapia. Esto significa que los padres deben ejercitarse con su hijo en crear, mediante el diálogo y la formulación de ejemplos y pequeñas historias, el estímulo capaz de vincular la función natural del sueño con estados emocionales de placer y bienestar.

A continuación, describiremos algunas modalidades lúdicas útiles para alcanzar este objetivo.

La modalidad teatral

Se lleva a cabo con marionetas que se mueven detrás de un pequeño teatro de cartón, en donde se representan las historias soñadas, procurando ayudar al niño a contar su sueño (el uso de marionetas puede desinhibir, ya que el niño no se siente expuesto en primera persona). Más adelante, estas historias se pueden transformar en cuentos de final feliz que le ayuden a elaborar las problemáticas emergentes.

Otra fórmula es el juego-drama, en el que la historia contenida en el sueño es puesta en escena por el niño y sus padres. En este caso, conviene aportar alguna modificación al relato de partida y prever el final feliz, que es un elemento obligatorio para lograr la relajación y vencer los miedos.

La modalidad del juego-drama, o juego de ficción y de funciones

Es una modalidad muy ligada al juego simbólico descrito anteriormente. En la práctica es imitación y ficción: el niño imita principalmente las figuras paterna y materna y el mundo del colegio, que para él representan las primeras formas de constricción, de reglas que respetar, de límites. A veces estas figuras aparecen en los sueños porque el niño no siempre logra entender lo que se le pide. En este juego define con más claridad el papel que desempeña cada individuo que es objeto de imitación.

En el juego de ficción y de funciones el ambiente, los objetos, las personas y los acontecimientos reales son transformados e integrados en una representación que se efectúa a través de la dramatización gestual y por medio del lenguaje verbal.

Para que el juego transcurra del mejor modo posible, el niño ha de volver a ver lo que ha soñado y vivir su propia dramatización, es decir, hacer como si... (estuviéramos en el mar) o imaginar que... (yo soy papá y tú la niña). De este modo observa, refleja y compara los comportamientos, los gestos, la comunicación verbal y no verbal de las personas, de los animales y de todo aquello que transforma en objeto de su propia imitación, y acepta con más serenidad la subdivisión de los papeles.

La modalidad del juego simbólico en el rincón-casita

Debemos crear en la habitación del niño un rincón-casita, es decir, un espacio limitado, preparado con los elementos de la casa, para ofrecerle un lugar que, dentro del marco doméstico, sea todavía más íntimo y esté hecho expresamente para él. Allí podrá expresar libremente su vivencia onírica. Esta modalidad es importante porque favorece la elaboración y la adquisición de nuevos conocimientos prácticos, con las vivencias del mundo interior expresado en los sueños. Los juegos de ficción que se llevan a cabo en la casita ayudan al niño a elaborar emotivamente los hechos que lo han sensibilizado durante el sueño.

El rincón-casita, que ofrece al niño varias oportunidades de juego, especialmente de ficción y de dramatización, debe estar constituido por un área delimitada (por ejemplo, con paredes de madera) en la que puede colocar, por ejemplo, una mesa con algunas sillitas y muebles de cocina de juguete (a ser posible de dimensiones adecuadas al niño): un armario, el lavadero, los hornillos, un pequeño sillón, una caja grande y una mesita con teléfono, además de un colgador con vestidos (conviene que algunos sean explícitamente femeninos, otros masculinos, algunos elegantes y otros más excéntricos). Es importante que el niño perciba este rincón como real y especialmente preparado para él. De este modo favorecerá la expresión de las acciones derivadas del mundo onírico.

La modalidad gráfico-pictórica

Consiste en pedir al niño que dibuje o cree composiciones. Para ello se pueden preparar fichas preimpresas con figuras para recortar (con tijeras o con un punzón)[3], colorear o completar. Por ejemplo, si el niño sueña frecuentemente con árboles y bosques, se le puede dar una ficha con un tronco dibujado, a partir del cual podrá elaborar el resto de la composición.

El uso de colores, tijeras o punzón y cola, pero sobre todo la elección de los temas a realizar, permiten detenerse a hablar de los elementos aparecidos en el sueño, lo que ayuda al recuerdo y la elaboración de los contenidos.

En el caso específico de un sueño recurrente que produce espanto, o incluso pesadillas, se puede utilizar esta modalidad y guiar el juego de la manera siguiente: se invita al niño a dibujarse a sí mismo como un gigante y las imágenes de la pesadilla, en comparación, diminutas. Con ello logramos que el niño se ponga en la piel del poderoso gigante y se divierta pensando en el destino que les espera a las minúsculas imágenes de la pesadilla. Una alternativa

---

3. El punzón es un instrumento parecido a un lápiz, con una aguja en la punta que sirve para hacer agujeritos alrededor de una figura (apoyándose sobre algo blando), con el fin de crear un contorno que pemita extraer la figura. El uso de este instrumento es muy aconsejable para niños pequeños, aunque siempre bajo la vigilancia de un adulto.

es proponerle que trocee el dibujo de la pesadilla, mientras pronuncia una frase del tipo: «Ahora ya no volverás a darme miedo y te vas a pudrir en la basura». Si el niño es muy pequeño, le podemos pedir que nos entregue el dibujo diciendo: «Ahora mi padre o mi madre se encargarán de ti. ¡Qué tranquilidad!». Lo que cuenta es comunicar al niño que tiene el poder suficiente para llegar a transformar las imágenes espantosas de sus pesadillas en figuras no amenazadoras, invitándolo a destruir al «malvado», echándolo fuera de sus sueños, por si acaso se le ocurriera volver a aparecer...

Cómo usar positivamente los sueños

Veamos algunas sugerencias sobre la manera de transformar un sueño en un acontecimiento agradable y útil para el bienestar psicofísico del niño. Escogeremos un sueño agradable del pequeño, que nos haya explicado él mismo, y lo utilizaremos para favorecer una actitud mental que lo prepare para otros sueños agradables. Este método ofrece la posibilidad de demostrar al niño que recordamos los sueños que nos ha contado y que nos gustaría que nos contara otros, con lo cual estrecharemos los lazos con él. Durante el día podemos reincidir en el tema del sueño proponiendo una serie de ideas sacadas del mismo, que pueden dar origen a actividades creativas. Cuando el niño está a punto de acostarse, podemos proponerle recordar un sueño bonito que haya tenido recientemente y que nos haya contado, y cuando el pequeño lo haya escogido, le pediremos que nos lo cuente nuevamente, dándole una serie de refuerzos positivos con frases del tipo: «Me acuerdo de que te gustó aquel trozo en que...». Le preguntaremos si le gustaría repetir el mismo sueño y, si la respuesta es afirmativa, le sugeriremos que retenga en la mente una imagen feliz del sueño mientras se está durmiendo. De este modo es probable que pueda repetir ese sueño agradable durante la noche.

Cómo afrontar las pesadillas

Las pesadillas son experiencias oníricas nocturnas que infunden terror, causan ansiedad en el niño y, a veces, una agitación psicomotora difícil de contener. Los sueños que contienen elementos que trastornan son muy desagradables, pero pueden ser controlados fácilmente mediante el diálogo y la colaboración de los padres, que, con el debido tacto, ayudan a elaborar y transformar sus contenidos.

Aparte de la tranquilidad ofrecida al niño, es necesario ir más allá y averiguar las causas que provocan la pesadilla, y afrontarlas luego con una comunicación eficaz para desactivar su carga explosiva. Para un padre, o madre, no siempre es posible penetrar en la complejidad de las actividades psíquicas del niño y, si el estado de pesadilla perdura, a pesar de los repetidos intentos para superarlos, el consejo es acudir a un especialista.

Una vez identificada la causa que genera la angustia, intentaremos aplicar una de las técnicas descritas en las páginas anteriores para ayudar al niño a borrar las imágenes aparecidas en el sueño. Este ejercicio se puede realizar en un momento en el que nuestro hijo se sienta más seguro y tenga ganas de hablar. Puesto que el «trabajo» requiere un poco de tiempo, antes de empezar deberemos considerar también nuestra disponibilidad. Cuando estemos preparados, pediremos al niño que dibuje las imágenes que aparecen en la pesadilla o las visualice, intentando dar a los momentos del sueño en los que se quedó helado la máxima acción posible.

Veamos, por último, un ejercicio estratégico antipesadillas al que llamaremos «esquema de control». Esta técnica busca prevenir la repetición de las pesadillas y permitir que el niño hable de algo que le molestaba, ayudándole a tomar el control de modo que ya no le cause miedo. En un momento de tranquilidad y de disponibilidad para el juego, analizamos la pesadilla para encontrar las estrategias que servirán para afrontar el motivo que causa la molestia. Damos al niño una hoja grande de papel y le pedimos que dibuje lo que denominaremos un esquema de control. Le ayudaremos a servirse de la fantasía y lo estimularemos, diciéndole que dicho esquema de control podría parecerse al de un medio de transporte, un automóvil, un camión, una nave espacial... Le sugeriremos que añada muchos detalles, de modo que pueda responder a sus exigencias: por ejemplo, un pulsador que sirva para borrar la pesadilla. Le motivaremos para que se sienta orgulloso de su esquema de control, y lo colgaremos cerca de su cama, de modo que pueda verlo cada vez que necesite un estímulo de aliento. Finalmente, antes de dormir, le hablaremos de este esquema, con el que podrá guiar y controlar sus sueños y eliminar la pesadilla fastidiosa. Y todo esto gracias al hecho de que él tuvo la idea de dibujar un pulsador capaz de anular los sueños desagradables.

Los sueños de la A a la Z

Abandono

Es la fase preliminar para alcanzar un estado de independencia. Puede aparecer en los sueños de los jóvenes que están a punto de «abandonar el nido», es decir, de iniciar un curso o una actividad que los deberá mantener alejados de casa y de los padres.

Abrazo

Entendido como un abrazo sofocante, es señal de que algo está demasiado ceñido y el niño desearía liberarse. Muchas veces se refiere a una madre demasiado posesiva, pero también puede indicar el deseo de una relación afectiva con los personajes representados en el sueño, la intención de entablar una amistad.

Accidente

Si el accidente le ocurre al niño que sueña, puede tratarse de un castigo simbólico para aplacar el sentido de justicia interiorizado a través de los valores educativos. Si el accidente le ocurre a otra persona, expresa una agresión contra esta, aunque aparentemente quien sueña no tiene ninguna responsabilidad.

Acción

En el sueño, el movimiento, incluida la presencia activa de quien sueña, implica un autocontrol excesivo, típico de la época de crecimiento, que el psicoanálisis identifica como fase anal, durante la cual el niño aprende a controlar los esfínteres, a usar el orinal, y puede estructurar pensamientos y comportamientos de tipo obsesivo. En el sueño, ver que uno mismo se mueve o lleva a cabo acciones con el propósito de hacerlo, es signo de la incapacidad de dejarse ir y expresa la necesidad de tenerlo todo bajo control.

Actitudes

En sueños el niño puede adoptar comportamientos muy diferentes de los habituales. Son útiles porque ponen de manifiesto, por un lado, las capacidades del niño que los sueña, y, por el otro, las necesidades pensadas o reales por las cuales ha de representar papeles diferentes del suyo propio.

Actividades

En los sueños de la infancia, todas las actividades representadas en la fase onírica deben considerarse en un mismo nivel, como una sola entidad: una puede sustituir a la otra y todas representan al hombre en sus habilidades oficiales, en su identidad civil. Por ejemplo, lavar la ropa puede hacer alusión a lavarse o limpiarse uno mismo o la propia fachada.

Agarrar

O también extender la mano y no encontrar nada a lo que agarrarse simboliza la búsqueda de un punto de sujeción, de una ayuda para alcanzar un resultado. Para los chicos adolescentes puede simular la masturbación.

Agresión

Simboliza los impulsos agresivos que han sido reprimidos en el estado de vigilia, pero que originan rencor en las profundidades del inconsciente.
    Aunque el agresor sea otra persona, y el niño aparezca como víctima o inocente testimonio, lejos de la violencia o asustado por lo que ocurre, el sueño sugiere igualmente una cierta agresividad que subyace en él.

Sufrir una agresión
Indica que algún aspecto de la vida de la persona que sueña está amenazado por el agresor, y no siempre es fácil de identificar.

Agua

Agua que fluye
Es un símbolo del aspecto reconfortante y tranquilo del fluir de la vida: calmado, regular y lento.

Falta de agua
Es signo de poca energía o fuerza vital. Sobre todo en los países de clima cálido, el agua es un símbolo de vida y crecimiento; del agua nace la vida, y el agua alimenta la vida. Ver en el sueño escasez de agua indica dificultades en la evolución, obstáculos y cansancio físico.

Agua límpida, estanque o piscina
Se relaciona con el líquido amniótico, el vientre materno del que emerge la vida, las aguas originarias en las que ha soplado el espíritu y, por tanto, la materia en el estado más embrionario, el mecer silencioso de la naturaleza. Cuando se sueña con agua se evoca el potencial de quien sueña: el lado «fluido» no cultivado, inmaduro, del que puede emerger una vida nueva. En los sueños el agua es siempre una imagen de éxito espiritual y de purificación, como en el bautismo.

Agua profunda
Es un símbolo de la misteriosa esfera femenina (el inconsciente y la feminidad). Concretamente, las aguas profundas y turbias indican el inconsciente, que puede ser fuente de energía. Soñar que no se logra llegar al fondo se puede interpretar como el temor de no estar a la altura de algo.

Descender por el agua o volver al agua
Expresa el deseo de revigorizar las fuerzas en la fuente originaria de toda la vida, para renacer espiritualmente. También es deseo regresivo de volver a la tranquilidad de la vida uterina.

Salir del agua y alcanzar la tierra
Simboliza el nacimiento o el éxito de un proyecto.

Sumergirse en el agua

Simboliza la gestación y el nacimiento. Este sueño puede aparecer coincidiendo con el nacimiento de un hermano, un primo o un vecino.

Agujas

Reflejan el tormento reprimido por una ofensa o una humillación. Tienen un significado de invasión, de algo que puede atravesar la piel y penetrar en el cuerpo. También pueden representar alguna situación que el niño se ha tomado muy a pecho y que le causa dolor porque no la entiende, y entonces la representa en el sueño mediante la acción de las agujas.

Agujero

Puede estar representado en forma de hoyo, y quizá el niño tiene la sensación de caer dentro de él: en este caso indica miedo y perplejidad en referencia a alguna manifestación relacional presente. De no ser así, puede indicar la necesidad de abrir un espacio a través del cual concentrarse o ver para alcanzar un objetivo especial.

Amontonar

Hace alusión a la tendencia a acumular obsesivamente emociones y sucesos de la vida. Esto puede llevar al desorden, al hecho de disponer las cosas de manera confusa y desordenada. Por lo tanto, puede servir para llamar la atención en determinados temas que conviene aclarar.

Anciano

Un anciano infunde respeto. A veces es una figura remota, por encima de lo común, imagen de sabiduría inconmensurable y de intuición. También es la personificación de la paternidad espiritual. Puede aparecer en forma de profeta, sabio, científico o bajo el aspecto de un mendigo o un sacerdote (intermediario entre el cielo y la tierra).

Muchos ancianos manifestando su desaprobación
Simbolizan los antepasados, los abuelos, los valores del pasado, la tradición.

Personas más ancianas
Representan a los padres.

Una anciana
Representa a alguien que la persona que sueña cree que se comporta como una vieja. Los sueños, cuando quieren degradar a un hombre, lo convierten en mujer.

Un anciano
Representa al padre.

Vieja Sabia
Es el equivalente femenino del Viejo Sabio, la Magna Mater, el yo de una mujer y el alma de un varón.

Anillo

Simboliza un vínculo, un lazo, una relación. En muchos ritos religiosos los oficiantes tienen que quitarse los anillos, porque al entrar en relación con Dios es necesario dejar de lado las otras obligaciones. En China el anillo es el círculo cerrado; y en muchas leyendas irlandesas y bretonas, un medio de identificación. También se interpreta como símbolo de saber y de poder.

En los sueños, el anillo en calidad de círculo y de objeto que se lleva en el dedo representa el símbolo de la personalidad que se está manifestando y definiendo.

Animales

Aluden a la vitalidad animal del soñador, al instinto, a los impulsos. Si el sueño propone tentativas de encontrar un refugio para protegerse de los animales, ya sea construyendo muros, ya sea completando construcciones incompletas, defectuosas, en ruinas, representa la lucha del soñador contra sus instintos animales. En este caso, el sueño puede mostrar si las precauciones tomadas son suficientes o si se necesitan otras.

Cachorros
Simbolizan a los niños, sobre todo las cabritas y los corderos.

Animales compuestos
Representan dos potenciales de desarrollo en una sola figura. En la figura mitad animal y mitad hombre los instintos «animales» empiezan a humanizarse.

Animales con sus cachorros
Simbolizan el afecto materno; por lo tanto, hacen alusión a la figura de la madre

Animales deformados
Muestran que quien sueña considera sus propios instintos repugnantes y le desagradan.

Animales domésticos o domesticados
Expresan pasiones bajo control, que nunca han sido muy fuertes o indomables.

Animales heridos
Son símbolos de heridas morales.

Animales prehistóricos
Describen algo que proviene de un pasado muy lejano, que debe valorarse en función de la altura y las dimensiones del soñador con respecto a los propios animales, que representan las proporciones gigantescas de los adultos vistos a través de la mirada de un niño (la enorme figura del dinosaurio se ha afinado, mediante el lento proceso de evolución y de selección, hasta alcanzar el estadio del ser humano).

Animales que «traen males»
Indican que las presiones del inconsciente son tan altas que el soñador duda de su habilidad, de sus probabilidades de éxito.

Animales parlantes o sabios, que inspiran respeto, o bien similares a divinidades
Según Jung, es importante tener presente el siguiente aspecto de la vida de los animales en las fábulas y en los sueños: son superiores al hombre en el sentido de que todavía no se han enfrentado a la conciencia y su voluntad nunca ha tenido ocasión de oponerse a la fuerza de la cual aquellos consiguen la vida.

Animales salvajes
Indican peligro, es decir, pasiones o personas peligrosas. Son un símbolo de la fuerza brutal destructora que viene del inconsciente, amenazando la seguridad del niño, y sugiere que se debe impedir que el instinto o la energía se vuelvan destructores y nocivos. Los padres pueden adoptar el aspecto de animales espantosos si el niño está excesivamente sometido a su voluntad. En tal caso, el inconsciente encuentra una compensación mostrándolos negativos y terroríficos.

Animales útiles
Representan movimientos útiles del inconsciente, probablemente con la colaboración del comportamiento positivo y justo de la conciencia.

Animales vertebrados
Los vertebrados inferiores hacen referencia al inconsciente; los superiores, a las emociones.

Comerse un animal
Expresa una reasimilación de la energía.

Domesticar animales salvajes
Representa una apariencia de comportamiento civil, o bien el temor superado —por lo menos superficialmente— hacia tales animales.

Domesticar, enjaezar, aparejar un animal
Simbolizan el esfuerzo de quien sueña por controlar sus instintos y hacerlos constructivos, útiles.

Matar a un animal o capturarlo
Simboliza la voluntad de apresar, o incluso destruir, la energía vital que nace de los instintos.

Transformación de o en animales

Simboliza una metamorfosis de quien sueña o de otras personas en animales, de animales en personas...

Tipos de animales

Abeja

Es símbolo de orden, laboriosidad, prosperidad, nutrición y victoria, así como de la aceptación del papel de la persona en la vida, fuente de pequeñas y continuas gratificaciones y evoluciones.

Águila

Simboliza un mito, por el hecho de poder volar por encima de las nubes. Tiene una vista penetrante, y por eso su perspicacia es emblemática.

Asno

Simboliza el instinto, la obstinación. En nuestra cultura también puede indicar ignorancia y dificultad en el rendimiento escolar.

Ballena

Para muchos niños el primer encuentro con la ballena se produce en el cuento de Pinocho, donde aparece una ballena que engulle pero no mata, lo cual puede expresar la individualidad que en su centro contiene el germen de la inmortalidad. En el sueño puede significar la esperanza de un cambio, de un renacimiento.

Caballo

Simboliza la energía del individuo. Un caballo realizando un esfuerzo o muriendo expresa una grave debilidad de la fuerza que impulsa a actuar; en este caso, conviene analizar convenientemente todas las fuerzas y las circunstancias que lo debilitan o le provocan la muerte.

Un caballo alado expresa la imaginación poética o una pasión dominante, un instinto que arrastra al soñador; un caballo atado a un carro indica que esta imaginación (o pasión) se pierde completamente para fines utilitarios.

En los sueños, muchas veces el automóvil sustituye al caballo, del cual toma numerosas asociaciones.

Camaleón

Sus peculiaridades —adaptabilidad, capacidad de cambiar de color y de esconderse durante mucho tiempo, de sopesar y valorar los riesgos, además de ser buen observador— son indicadoras de una habilidad para adaptarse a las situaciones y adoptar el comportamiento más adecuado.

Cerdo, jabalí

Son símbolos de ignorancia, estupidez, egoísmo, avidez. Soñar con estos animales puede significar que la parte mejor de quien sueña empieza a reconocer en sí misma estos elementos desagradables; sin tal reconocimiento, no podría ni transformarlos ni dominarlos.

Conejo

Expresa timidez, discreción, vivacidad. Muchas veces es protagonista de cuentos y dibujos animados. Puede ser utilizado por el niño para ironizar sobre algunos acontecimientos personales que deben ser elaborados.

Elefante

Representa el yo radiante y resplandeciente, y también la reflexión sobre los acontecimientos.

Gato

Simboliza las características felinas que se pueden encontrar en los seres humanos, normalmente en las mujeres, es decir, la elegancia y el misterio inquietante (típico, por ejemplo, de los aficionados a las brujas o a los dioses egipcios).

Insectos nocivos (parásitos del hombre)

Soñar que están dentro de casa puede tener el mismo significado que si se sueña que se tienen en el cuerpo, como ocurre, por ejemplo, con los piojos, y hacen alusión a un sentido de no adecuación. Soñar con pequeños seres que se mueven deprisa con un continuo repiqueteo de sus minúsculas patas, y, por tanto, movimientos y ruidos no deseados, expresa fastidio y malestar.

Lagartija

Simboliza el pensamiento lineal o limitado.

León

Es símbolo de un apetito devorador, de un deseo violento, de una fuerza salvaje, de instintos indómitos. Soñar que se lucha contra un león puede ser signo de una etapa importante en el proceso de maduración, siempre y cuando la persona que sueña no sea vencida ni el león muerto. Soñar con un león devorador de hombres, que puede vagar libremente por la selva, pero no por las poblaciones, sugiere una imagen mucho más clara y viva de cualquier interpretación: cada cosa tiene su propio lugar. Soñar con un león tumbado junto a un cordero expresa unión o compatibilidad de contrarios, y sugiere la semejanza del instinto y del espíritu que van de la mano; también indica orgullo o coraje.

Liebre

Ágil, rápida, curiosa y miedosa, representa la intuición, la sutileza de ánimo y los «saltos» de la intuición (por su movimiento), aspecto alterado y negativo, este último, que puede sugerir la degeneración de la intuición, por miedo o ignorancia, en locura.

Lobo

Este temible depredador que habita en lugares salvajes y en landas desoladas, furtivo y veloz, simboliza todo aquello que es completamente libre, sin refugio ni ningún tipo de vinculación, y vicioso. Además, se utiliza muy a menudo para evocar crueles fantasías sádicas, sin una aparente responsabilidad por parte de la persona que sueña.

Mono

Simboliza el lado pueril e inmaduro del carácter de la persona que sueña y hace referencia también a la analogía entre la evolución del hombre y la del feto en el útero (la posición típica del embrión es comparable a la posición agachada del mono).

Monstruo (dragón, etc.)

Expresa un miedo lejano y monstruoso, más allá de cualquier razonamiento, que normalmente amenaza la esfera interior, más que el mundo externo. Monstruos devoradores de hombres aluden al hambre insaciable de la infancia y, por tanto, a la concesión de espacio a las propias y excesivas exigencias.

Nutria
Tiene algunos puntos en común con el significado de la pesca, pero en una forma muy primitiva. El contenido inconsciente (el pez) debe ser asimilado antes de alcanzar la tierra firme y la luz de la conciencia.

Oso
Simboliza la madre, la familia, el calor y el afecto, a veces incluso en exceso, como un abrazo tan fuerte que ahoga. Hace referencia a una actitud posesiva, devoradora y arrogante, a una persona que aplasta con su superioridad (un hombre, quizá el padre).

Oveja
Puede indicar el corderito que temía a Dios (pero cuidado: uno de los componentes esenciales de la interpretación de un sueño es la comprobación de los puntos de contacto, de la relación entre el sueño y la vida real de la persona que sueña).

Perro
Es un símbolo de fidelidad y devoción, pero también de tenacidad, resolución y obstinación. Hace alusión a algunos aspectos y características del ser humano, o a alguien de quien la persona que sueña no consigue librarse y que podría ser causa de molestia (esto depende del contexto del sueño y de la actitud que el niño tiene con este animal en estado de vigilia).

Rana
Debido a su mutación —la rana empieza siendo un renacuajo que vive en el agua, luego sufre una metamorfosis y se mueve en dirección a la tierra—, simboliza un periodo de transformación (también la rana que se convierte en un apuesto príncipe).

Ratón, rata
Simbolizan lo morboso, y no sólo porque las ratas transmitían la peste, sino también porque infestan la casa, que a veces el niño puede comparar con la imagen de su propio cuerpo. También pueden hacer referencia a algo físicamente repugnante o manifestar su modo anómalo de ver las cosas. Soñar con un ratón, en cambio, indica timidez, desdén y poca confianza en uno mismo.

Sapo

Es una criatura poco agradable, símbolo de todo aquello que el niño considera desagradable y odioso en su propia conducta.

Serpiente

Se sueña con serpientes cuando los niveles instintivos oscuros de la existencia son rechazados por la conciencia, que precisamente se siente más amenazada que nunca por estos. Sólo aceptando y asimilando el lado oscuro, terrestre y primitivo de su propia naturaleza, el niño tendrá la posibilidad de alcanzar la madurez. Una serpiente en la hierba alude a un peligro, a un enemigo escondido, es decir, deslealtad, envidia y calumnia.

Toro

Es símbolo de fuerza creadora o, con mayor frecuencia, en su significado negativo, de furia ciega, de instintos destructores y salvajes. Soñar que se mata un toro evoca la iniciación al mundo maduro de los adultos, que dominan sus propios instintos para no estar a su merced.

Unicornio

Fuente de gracia, que encierra en sí la idea de pureza, simboliza el mensaje de Jesucristo y del Espíritu Santo, a través del cual la Virgen concibió. En virtud de la unión de los opuestos —es decir, de la unión de los dos cuernos, símbolo de un conflicto, en un único cuerno—, el unicornio también ha sido interpretado como el emblema de la resolución de una hostilidad y como el ímpetu de una vitalidad renovada cuando la tensión y las hostilidades han desaparecido.

Vaca

El animal que da la leche, el alimento, alude a la figura de la madre o de la familia.

Apetito

Puede referirse tanto al hambre como a la sed. En los sueños todos los apetitos son intercambiables y normalmente se refieren a un deseo de atención y cariño. En la infancia predomina el egocentrismo, y a veces los intentos conscientes de limitarlo, quizá a sugerencia de los adultos, implican un desahogo nocturno con excesivo narcisismo.

Compartir la comida con alguien
Expresa el deseo de compartir momentos agradables con la persona con quien se sueña.

Pararse a beber en una fuente
En este caso la persona que sueña satisface, en la imaginación, el deseo de captar la atención de una mujer.

Arado

Herramienta-juguete con la que los niños cavan en el sueño; hace referencia al deseo de profundizar en un tema que no ha sido entendido o ha quedado poco claro, o bien a la voluntad de «desenterrar» una parte de uno mismo referida a un comportamiento que ha causado incomodidad y ha sido motivo de incomprensión por parte de los demás.

Cavar la tierra, hacer terrones, removerla para limpiarla y hacer que sea fértil significan que el niño quiere lavarse de algo que le resulta incómodo o de un sentimiento de culpa.

Arar

Hace alusión a la idea de fertilidad y fecundidad, y, por consiguiente, al éxito de una nueva iniciativa o actividad (por ejemplo, deportiva o escolar). Sembrar un campo alude a la primavera, al inicio de un periodo nuevo, de nuevas esperanzas en una futura cosecha. Sembrar, cultivar y cosechar hacen referencia a la educación del niño. Un campo arado se relaciona con la madre; un campo si arar, con un niño en estado puro. Soñar que se ara nuevamente un campo significa la esperanza de hacerlo propicio, de repetir una experiencia. El acto de arar la tierra simboliza la laboriosidad, el trabajo y la buena disposición ante las oportunidades.

Árbol

Sugiere el proceso de crecimiento, de desarrollo, ligado a la idea del árbol genealógico, que relaciona a toda la humanidad. El árbol pone en comunicación los tres niveles de la creación: las raíces en la tierra se alargan hacia abajo, el tronco es la parte terrenal y las ramas se abren hacia el cielo.

El árbol es símbolo del universo porque contiene la representación de los cuatro elementos: el agua (es decir, la savia), la tierra en la que hunde sus raíces, el aire alrededor de las hojas y el fuego que se libera de la madera. Muchos árboles formando un bosque representan el inconsciente.

Árbol plantado para que eche raíces
Simboliza una pérdida de libertad.

Corteza
Simboliza la protección del individuo del mundo externo.

Armas

Simbolizan la agresividad, que lleva al deseo de destruir a las personas o las cosas que forman parte de la afectividad personal.

Cuando el sueño aparece durante la preadolescencia puede estar estimulado por la curiosidad por la sexualidad masculina, con todo lo relacionado con la idea de la virilidad: aspectos como la fidelidad, honestidad, coraje y prepotencia. La emoción que acompaña al sueño puede aportar una indicación para aclarar el significado real de la imagen.

Armas oxidadas, sin municiones
Expresan un sentimiento de inferioridad que puede generar una reacción agresiva.

Herramientas (pala, horquilla y otros) usadas como armas
Simbolizan el conflicto entre la faceta productiva y creativa de la persona que sueña y los aspectos agresivos y destructores de su personalidad y su psique.

Tipos de armas

Espada
Expresa el impulso de imponer y aprovechar la propia fuerza, pero también el sentido de justicia que debe ser ejercitado con voluntad y decisión. Asimismo, tiene referencias sexuales (la erección).

Flecha
Se relaciona con el amor (la flecha de Cupido). Si el niño sueña que es herido por una flecha tiende a tener miedo a los sentimientos, a la introversión. Este es un sueño recurrente a partir de los cuatro o cinco años, época en la que los niños suelen tener dificultades para adecuar sus emociones a las normas; a veces, al considerarlas inadecuadas, se autocensuran (el sueño de una flecha que les hiere es un buen ejemplo del funcionamiento de esta forma de autocensura).

Fusil, cañón
Simbolizan la necesidad de disparar, es decir, de afirmarse con determinación ante una situación de relación. También representan el órgano genital masculino.

Atravesar

Hace referencia a una decisión importante, a la superación de obstáculos, a un paso decisivo, a los cambios entre las fases de la infancia identificadas por el psicoanálisis (de la oral a la anal, de esta última a la genital, y así sucesivamente). Es un sueño que también pueden tener los niños que van por primera vez al colegio o que están a punto de cambiar de ciclo (por ejemplo, al pasar de párvulos al ciclo elemental).

Automóvil

Simboliza una prolongación del cuerpo (y de las conductas) con el fin de moverse para alcanzar un objetivo determinado. También representa la manera en que el soñador desea, en ese momento determinado, dirigir su propia vida.

Soñar que se conduce solo
Significa no tolerar la intromisión de otros en la propia vida.

Soñar que un automóvil se avería
Alude a la escasa confianza depositada en las cualidades y capacidades propias.

Soñar que se viaja en un automóvil que conduce otra persona
Significa que se está dominado por un complejo que podrá definirse a partir del análisis del conductor.

Avión

Naturalmente, la aparición del avión en los sueños es reciente. El avión y otros vehículos voladores representan la aspiración a volar. Al tratarse de un vehículo tanto personal como colectivo —al igual que, por ejemplo, el autobús—, simboliza el modo en que se lleva la propia vida social. Y, como es un medio rápido, expresa un cambio total y repentino. Si el niño sueña que va en avión, significa que le cuesta concentrarse y se distrae fácilmente.

Pilotar un avión
Puede significar que se es capaz de encontrar el punto de equilibrio —de dominarse— entre sensaciones irreales y compromisos reales.

Bailar

Es una acción preliminar a la relación íntima que muestra la capacidad de estudiarse uno mismo y de estudiar a los demás mediante la exhibición del cuerpo. El baile está ligado al ritmo y a las funciones musicales, y es indicador de creatividad, entendida como fuerza creadora de nuevos modos de conducta. También evoca la armonía y la vitalidad.

Bajar

Es un símbolo de debilidad y degeneración.

Bajar por dentro de la tierra, a una caverna, a un abismo
Representa un descenso necesario al mundo subterráneo, el inconsciente, para descubrir y sacar a la luz ciertos rasgos de la personalidad.

Banco

Es símbolo de seguridad y de capital afectivo, más que financiero.

Caja fuerte, cámara de seguridad
Se asocia con el vientre materno, entendido como refugio seguro, porque está totalmente administrado por otra persona (la madre).

Beber

Es la primera forma de nutrición y, por lo tanto, puede referirse a una tendencia o deseo de volver a la primera infancia, sobre todo si se bebe a morro de una botella.

Beber un refresco
Se refiere a beber para satisfacer el gusto, buscando lo dulce. Es sinónimo de fiesta, de despreocupación, y favorece las relaciones sociales.

Beber leche
Soñar que se bebe este líquido, símbolo de la alimentación materna o del biberón, hace referencia a la primera infancia, con todos los valores afectivos, de nutrición, amor y dependencia que están asociados a ella.

Beso

Es una de las modalidades de transmisión y confirmación de la afectividad. Puede significar una conquista y la asimilación de placeres del contacto y de la relación. Se puede asociar estrechamente con la primera forma de alimentación, la succión del pecho o del biberón, que produce una sensación de placer y de satisfacción del hambre.

Boda, matrimonio

Es un suceso que fascina a los niños y que sugiere un momento de fiesta, de reunión con familiares y amigos. La novia, concretamente, es una figura fascinante, y cuando se sueña que una mujer va vestida de novia, es como subirla de grado. Hay que fijarse en el mensaje del sueño, que en general tiene una interpretación positiva.

A veces las niñas sueñan que se casan cuando están a punto de realizar la primera comunión, porque el hecho de probarse un vestido elegante, vaporoso y largo les hace imaginar que se visten de novias.

Bolso

Simboliza a una mujer, la madre, la abuela, la maestra, o, en todo caso, a personas importantes en el plano afectivo para el niño, capaces de atenderlo, de contener sus impulsos y de satisfacer sus deseos de recibir atención y cariño.

Bosque

Es el lugar de los árboles y de su relación entre la tierra y el cielo, de la búsqueda del sentido de la vida y de sus misterios. Representa la entrada en los meandros de la mente y de los lados oscuros de las fuerzas más profundas escondidas dentro de cada uno de nosotros.

Bruja

Representa una figura femenina importante: la madre, la tía, la abuela o la maestra, que ejercen autoridad y hostilidad emocional.

La bruja suscita siempre una cierta fascinación y, al mismo tiempo, genera miedo, porque emplea fórmulas mágicas para obtener beneficios, pero también porque puede causar perjuicios.

Buscar

Los niños de edades comprendidas entre cuatro y seis años sueñan frecuentemente que están buscando un objeto o a una persona, sin encontrarlos. La sensación del niño mientras sueña es que sabe dónde está lo que busca, de ahí que el hecho de no encontrarlo sea solamente fingido, para evitar las consecuencias derivadas de la presencia de la persona o del objeto hallados. Es un extraño fenómeno mental, que parece burlarse del protagonista del sueño, pero que en realidad lo protege de un estado desagradable. Puede indicar que el niño está atravesando un periodo en el que se siente poco preparado para afrontar las situaciones que lo rodean.

Cabalgar

Simboliza el dominio de acontecimientos que exigen que el niño se mida y se esfuerce en superar pruebas de habilidad para las que no se siente totalmente preparado. El temor por algunas pruebas puede estimular fantasías que en el sueño se manifiestan como una necesidad de dominar los instintos salvajes. De ello deriva que montar un caballo de madera, una bicicleta, una moto, etc. sea un indicador de la necesidad de dominar miedos y malestares, para dirigirse, con una prolongación del cuerpo y de la mente (los nuevos conocimientos y las nuevas habilidades adquiridas), hacia nuevos horizontes de crecimiento. Durante la adolescencia, cabalgar adquiere significados que hacen referencia a las sensaciones de excitación sexual.

Caerse

Simboliza inseguridad, acompañada inevitablemente por ansia y, quizá, por una intuición de fracaso (o de imprevisto) que se perfila en el horizonte. Caer o hundirse, incluso en la propia cama, es el primer terror verdadero, la primera forma definida de inseguridad, e incluso de sensación de muerte. Soñar con una caída es, por tanto, un claro signo de paso de un estado a otro, de la vigilia al sueño, de la gracia a la desgracia. La persona que sueña no se siente plenamente capacitada y atenta para dirigir los cambios que está atravesando, y teme hundirse en el caos por no ser capaz de imponerse con orden y funcionalidad.

Caja

Puesto que contiene objetos, evoca misterio, curiosidad por el contenido, orden y agrupamiento.

Ataúd
Si surge en un sueño es porque el niño está viviendo una situación de luto. Representa una descarga emocional del sufrimiento y de la pérdida afectiva.

Si, por el contrario, carece de lazos directos con la realidad, expresa una sensación de limitación y de restricción impuestas o ejercidas desde el exterior con métodos que quien sueña estima insoportables y tendenciosos.

Calor

Hace referencia al calor de las emociones y de las pasiones, que poco a poco, con el paso del tiempo y al ir creciendo, se enfrían. En los sueños de los niños las sensaciones de calor pueden relacionarse también con los cambios térmicos que se producen durante la noche, no sólo de tipo ambiental, sino también ligados a posibles estados febriles.

Campanas

Pueden tocar a fiesta o luto, pero, por lo general, indican un estado emocional feliz, en el que predomina una especie de euforia primordial como himno a la vida. No obstante, también pueden sugerir una idea de alarma o una mayor atención ante situaciones sociales que exigen una cierta vigilancia.

Campos

Se entiende por campos los prados verdes, las colinas y, en general, la naturaleza en la forma que se encuentra bajo el control y el dominio del hombre, lo cual incluye la agricultura y la capacidad de hacer fértil una tierra salvaje y no cultivada. El campo es símbolo del proceso de culturización, y a menudo los campos y los prados aparecen en los sueños de los niños durante las fases de adquisición cultural escolar.

Canibalismo

Identifica un modo de asimilar la fuerza de otra persona, adueñándose de sus ideas, de sus comportamientos y de sus éxitos. También puede referirse al simbolismo del sacramento de la eucaristía: tomar la hostia para pasar ser una misma cosa con Jesucristo. La historia narra que los caníbales más refinados se comían solamente el cerebro, en un acto totalmente ritual y simbólico, que expresaba el incremento de sus capacidades y de su fuerza gracias a la unión con las de otro (lo que hacían los hombres primitivos todavía está latente en rincones muy ocultos de la mente civilizada). Desear las cualidades de otra persona puede entenderse como una forma de envidia.

Casa

Toda la afectividad familiar, recibida o deseada, se explica al soñar con la propia casa, o una casa que, aun no siendo la familiar, presenta algunos elementos reconocibles fácilmente en el orden afectivo. Es importante la referencia a objetos, colores, sonidos y diálogos que puedan guiar la interpretación hacia algo familiar.

Castigo

Simboliza el castigo que la persona que sueña espera si transgrede su conciencia. El autocastigo puede traspasarse a la vida real (desilusiones vertidas claramente sobre uno mismo); en este caso, el niño está proyectando una expiación.

Castillo

El castillo es una edificación valiosa y, al mismo tiempo, la morada de los reyes, que simboliza momentos de vida social. La persona que sueña vive una sensación que es una mezcla de deseo de aventura y de emoción no expresada.

Puede representar la existencia de problemas en el colegio o en el equipo deportivo, o en otras situaciones en las que el niño se pone a prueba ante un público. Si en el sueño el niño trepa por las paredes exteriores, es posible que esté viviendo un periodo de dificultades de integración, durante el cual quizá no se sienta a la altura de las circunstancias. Si, por el contrario, se siente prisionero dentro de la fortaleza, puede ser que viva una situación cerrada y agobiante.

Catástrofes

Cuando el niño sueña con acontecimientos catastróficos, como desprendimientos, terremotos, incendios, intenta representar o descargar una tensión nerviosa y emotiva creada por una situación de relación que no logra modificar. Es, pues, una petición de ayuda, para que la mente, con impulsividad, aplaque la tensión insostenible de la relación.

Caverna

Simboliza los rincones de la mente que albergan la energía mental más antigua y conservadora. Si la persona que sueña presenta la caverna como un lugar de exploración y se ve a sí misma entrando en ella, significa que está expresando la necesidad de orientarse a una empresa nueva que requiere mucha energía mental y física, para cuya consecución la mente le sugiere profundizar y buscar, a través de la concentración, más recursos.

Cementerio

El cementerio puede estar relacionado con el recuerdo de determinados acontecimientos, como un funeral o la muerte de un conocido, que la persona que sueña se niega a considerar en la medida lógica más adecuada.

Las primeras experiencias religiosas y el contacto con los aspectos formativos de los sacramentos y de las funciones eclesiásticas pueden activar en la persona que sueña algunas referencias a la muerte, que se manifiestan en el sueño en forma de cementerios.

Cenizas

La ceniza, el resultado último de la combustión, resiste a la muerte. Es el aspecto espiritual que sobrevive a los cambios de la existencia humana. Representa la certeza y la tranquilidad contra las ansias y los miedos, y al mismo tiempo indica un paso obligado, que debe afrontarse con el temor de perder algo (un hábito o un comportamiento).

Cera

El aspecto y la forma dúctil de la cera ofrecen al niño un punto de partida para poner de relieve las posibilidades de manipulación psicológica. La cera simboliza, en el sueño, la sensación de ser manipulado por la voluntad de otra persona (por ejemplo, de otro niño que emplea estrategias y ejerce vejaciones para satisfacer sus ansias de dominio).

Jugar con cera
Indica manipulación, pero también expresividad creativa.

Cerilla

Simboliza la necesidad del niño de encenderse, o de encender algo o a alguien a quien está frecuentando.

Chico

Tanto si se trata de un conocido como de un desconocido, simboliza a la persona misma que sueña. Aparece para reflejar el periodo por el que el niño está pasando y que probablemente indica una maduración, una etapa evolutiva que temporalmente puede crear descompensación y desequilibrio. También hace referencia al yo todavía joven y en proceso de crecimiento, es decir, inmaduro, pero con el potencial del futuro desarrollo.

Cielo

Expresa la necesidad de espacio y el sentido de libertad, con un evidente mensaje de evasión sin objetivo y de potencial creativo no realizado.

Cirugía

En relación con experiencias quirúrgicas personales o vividas en la familia, el niño puede usar este símbolo para indicar una pausa forzosa en el desarrollo de la vida cotidiana. Así, por ejemplo, un profesor suplente puede ser visto como una especie de cirujano que interviene en la enfermedad del maestro.

Cocinar

Se relaciona con la transformación de la materia prima en algo más digerible, quizá con alguna verdad personal que el niño tiene dificultades para digerir. Por otro lado, aquello que está a punto de ser cocinado tiene relación con un aspecto de él mismo que intenta codificar.

Echar o mezclar algo en una cazuela
Se refiere a un fenómeno psicológico para reflexionar sobre situaciones o acontecimientos controvertidos en relación con personas importantes desde el punto de vista afectivo.

Colores

Los colores cálidos y vivos representan emociones y estados de ánimo ligados a un humor eufórico, y los colores fríos y oscuros indican estados de ánimo negativos y un humor deprimido.

Si se trata de objetos de color, deben ser examinados atentamente para atribuirles con naturalidad el posible significado de cada color. No obstante, también puede ocurrir que el significado de los colores deba abstraerse de los objetos, totalmente ocasionales y carentes de sentido. En tal caso, el sueño quizá hace referencia a algo completamente distinto en cuanto a forma y dimensión, pero del mismo color: la persona que sueña podrá descubrirlo solamente con asociaciones de ideas con el color en concreto.

Hay colores que están estrechamente ligados a las cuatro funciones de la mente, los cuatro aspectos esenciales del yo según la psicología de Jung: blanco o azul claro (pensamiento o intelecto), rojo o rosa (sentimiento y emoción), verde o marrón (sensación), dorado o amarillo y azul oscuro (intuición extrovertida e introvertida). Cuando en un sueño aparece una combinación de estos colores, por ejemplo una casa amarilla y un árbol verde, es muy importante abstraerlos para que puedan ser asociados a las funciones de la mente. Y quizá sea necesario tomar en consideración un solo color, el único significativo.

Amarillo
Simboliza la intuición orientada hacia objetivos externos, hacia los demás.

Azul
Expresa la energía celeste, divina, espiritual; también el pensamiento, la inteligencia, la agudeza intelectual, el razonamiento seguro, calmado y maduro. El azul está asociado a la felicidad.

Blanco
Es la luz pura que contiene en sí misma todos los colores. Representa una vía de iluminación, de claridad, que desenmascara cualquier hipocresía y muestra la verdad.

Dorado
Se relaciona con el sol, es decir, con la conciencia y la verdad. Es un principio masculino, como el amarillo, que también significa intuición.

Lila
Expresa espiritualidad emocional, busca más allá del mundo de lo material.

Marrón
Es el color de la tierra y está ligado a la esfera de las sensaciones.

Naranja
Es el color de las túnicas budistas y simboliza la renuncia, el poder oculto.

Negro
Es el color del luto y de la muerte. Indica melancolía y depresión. Todo lo que en el sueño es oscuro, tenebroso y secreto debe relacionarse con algo que ha de hacerse estando consciente.

Púrpura
Es indicador de fuerza vital energética.

Rojo
Es el color asociado a la sangre, al fuego, a la guerra, al vino. Hace referencia a las emociones y a la excitación, y también a la cólera y la rabia. Puede aparecer en el sueño de las niñas adolescentes cuando tienen la menstruación, que inicia el ciclo hormonal femenino.

Rosa
Simboliza las emociones, algo agradable pero ilusorio (se ven las cosas de color rosa, incluida la visión rosa del amor).

Verde
Es el color de la hierba, de algo que crece, y expresa vigor y energía psíquica, física o sexual. En algunos casos puede representar la esperanza de que nazca algo (un nuevo amor) o el deseo de un resultado positivo en el contexto escolar. El verde expresa una especie de ansiedad de espera, de que algo se cumpla de manera decisiva y positiva.

Comer

Comer se relaciona con la adquisición de fuerza y energía, con el cumplimiento de una satisfacción. Debe valorarse si el niño come a gusto o forzado y si lo hace en compañía, lo cual indica que se siente bien con las personas con quienes comparte la mesa. Comerse algo es también una forma primitiva de destruirlo, visión particularmente acertada en el caso de que el alimento (o la persona) sea desgarrado con los dientes, tal como lo haría un animal.

Comida

Simboliza la supervivencia, pero también el placer del gusto, del olfato y de la percepción visual. Las comidas dulces indican compensación afectiva (la acción bioquímica de los azúcares es antidepresiva) y las comidas saladas, gusto, aroma y energía para el propio sustento.

Conflicto

La mente es una arena en la que muchas fuerzas diferentes luchan por la supremacía, en un desorden interno que se refleja constantemente en los sueños. El conflicto real de quien sueña se expresa en cada sueño. Si un aspecto del conflicto interno es ignorado deliberadamente, la tensión inconsciente y la angustia derivadas resultan intolerables y muy perniciosas para la personalidad. El sueño puede indicar el modo en que la vida interior puede adaptarse a las circunstancias, o bien la forma en que estas situaciones particulares pueden ser modificadas o transformadas, afrontando el conflicto. Por ejemplo, una serie de sueños revela que los instintos de una persona han sido reprimidos por su código moral, por lo que no se obtiene ninguna ventaja reprimiendo más la moralidad. Esta toma de conciencia del conflicto pone al individuo en contacto con sus fuerzas interiores, las cuales son frecuentemente fuentes de una energía enorme. Además, sirve de estímulo para nuevos esfuerzos y abre nuevas posibilidades.

Confusión

Es signo y síntoma de confusión mental. A veces hay secuencias e imágenes en los sueños con objetos confusos y no enfocados, de modo que suscitan ansiedad. En algunos casos el sueño se corta con un despertar brusco.

Contar con alguien

No siempre es evidente, en el sueño, la imagen de una persona con la que el niño puede contar, es decir, aquella en quien puede confiar, que puede ocuparse de él, ayudándolo a superar dificultades; sin embargo, vive la sensación de que es alguien que lo ayuda y lo protege.

Corona

Es símbolo de majestad, orgullo y poder. También es sinónimo de éxito en las situaciones relacionales que el niño está atravesando.

Correr

Hace referencia a la competencia y la rivalidad entre compañeros, o bien puede expresar rivalidad dentro de la familia, como una etapa de búsqueda de la propia identidad y de deseo de superar al adulto.

Coser

Hace alusión a la acción de atar dos o más partes de una relación que el niño está viviendo como una situación de ruptura.

Cuaderno

Se refiere a la obsesión por el colegio, al temor de no haber acabado los deberes o de ser incapaz de hacer una tarea en clase o un examen. También alude a la posibilidad de anotar las cosas importantes para imprimirlas en la memoria.

Cuadro

Simboliza una forma de poner en evidencia un contenido o de dar importancia, de enmarcar, el tema representado en una tela.

Cuchillo

Expresa el deseo de seccionar y analizar al detalle. Puede manifestar un exceso de agresividad, porque se presta a ser usado como arma. Si es brillante, afilado y penetrante, corresponde a las habilidades mentales.

Dos cuchillos
Simbolizan un deseo de muerte o destrucción dirigido hacia dos objetivos. Por una parte hacia quien está haciendo al niño la vida insoportable con sus exigencias y normas. Por otra parte, hacia uno mismo, a causa del sentimiento de culpa generado por el impulso destructor.

Cuerda

Es símbolo de vínculo, de algo que ofrece la posibilidad de unir, de juntar dos situaciones o dos personas.

Cuerpo

Estructura básica a la que hace referencia cualquier experiencia. El cuerpo es la fuente originaria y el fundamento de todos los símbolos. El niño tiene su primera experiencia de percepción consciente del mundo a través del cuerpo y sus funciones, que se representan en la vida por medio de los sueños, precisamente como símbolos de encuentro. Para el niño, el cuerpo también es un código que le ayuda a entender lo insondable. Por este motivo, casi todo el material inconsciente se expresa en el simbolismo corporal. La parte superior del cuerpo representa la mente, los aspectos espirituales y platónicos y los ideales del carácter; la parte inferior representa los instintos.

Abdomen
Es la zona de las emociones y de los sentimientos reprimidos, asociados con estados de ansiedad y angustia.

Ano
Está relacionado con las primeras experiencias infantiles de la personalidad y de la relación con la autoridad de los padres. En los sueños

se convierte en símbolo de la fuerza del ego, con un significado positivo que indica confianza en uno mismo e independencia, y también una reacción legítima contra el conformismo imperante.

Boca
Simboliza el lado receptivo, pero también exigente, y la avidez intensa en el sentido de adueñarse de algo, o bien de entender y de asimilar. El sueño puede hacer alusión a las necesidades del niño relativas al contacto con la boca, los labios, a la necesidad de besar.

Cabello
Representa la fuerza y la vitalidad, y ayuda a definir la identidad a través del rostro.

El temor narcisista y estético de cortar el cabello puede expresar el miedo a perder capacidades y fuerza en una situación determinada, o relación, que el niño está viviendo.

Extremidades
Representan la prolongación natural del cuerpo para entrar en relación con la realidad del mundo externo. Cuando el niño no se siente seguro y preparado para enfrentarse a las exigencias del crecimiento, puede soñar con brazos o piernas que representan un problema surgido en su entorno.

Decapitación

Decapitar significa perder la cabeza; simboliza, por tanto, la pérdida de la mente, del sentido de ser uno mismo y de las relaciones externas. Puede ser que el niño tenga la sensación de no lograr cultivar sus potenciales. Falta una parte del cuerpo, y por eso el sueño puede representar el miedo a enfrentarse a algunas situaciones relacionales de movimiento corporal o de relación y comunicación. Y esto puede generar temor de exclusión o complejo de castración.

Delito

El delito es la mejor imagen del súmmum de la emoción. Matando se realiza el odio extremo. Según los psicoanalistas más ortodoxos, el delito en el sueño está relacionado con deseos instintivos experimentados durante la fase de formación del carácter, en donde parece que sea inevitable desear matar al padre o a la madre, porque se consideran molestos u opresores en los procesos de relación y educación.

Desierto

Alude a una sensación de aislamiento y sentimientos de soledad, pero también es la representación de un gran vacío y de una gran desolación interna. Simultáneamente expresa paz, tranquilidad y monotonía.

Desnudez

Cuando sueña que está desnudo, el niño expresa su deseo de suprimir el aspecto exterior con el que se presenta (véase *Ropa*), de ser él mismo y evitar fingimientos para gustar a los demás, lo cual comporta quedarse sin defensas. El deseo de la persona que sueña es estar menos a la defensiva, ser menos reservada, más abierta, más sencilla, con respecto a otra persona con la que desearía superar las simples formalidades sociales. Puede estar dirigido a quien ha sobreentendido su comportamiento hacia fuera. También expresa el deseo de llamar la atención, de exhibirse.

Cuando se es niño se está desnudo en repetidas ocasiones, y, por tanto, soñar con esta circunstancia guarda relación con sentirse atendido y cuidado. En definitiva, puede ser una manera de revivir esas sensaciones agradables que, con el tiempo, a medida que la persona va siendo más autónoma y se ocupa de su propia higiene y de vestirse, se van haciendo más escasas.

Ser desnudado
(ante hechos puros y simples, ante la verdad pura y dura)
Se relaciona con la expresión de los instintos naturales personales, que forman parte del verdadero yo, con dejar que aparezcan los deseos

ocultos y con revelar los propios deseos o insuficiencias. Expresa, asimismo, una sensación de inferioridad o de culpa.

Soñar que se está desnudo sin que nadie preste atención
Indica un intento del inconsciente de rectificar la opinión demasiado alta que el niño tiene de sí mismo, o bien que al niño no le importa nada de lo referente a su aspecto externo o del efecto que causa en los demás.

Soñar que se está desnudo ante otras personas que lo desaprueban
El niño teme la desaprobación general si se muestra como es en realidad, si finalmente se deja llevar por sí mismo.

Desvanecerse

Tiene que ver con las ideas que se desvanecen en el aire, con el hecho de que la conciencia no logre saber con exactitud lo que se está desvaneciendo.

Persona que desaparece en el sueño
Simboliza una persona con la cual es difícil mantener una relación en la vida real.

Dientes

Sirven para morder y masticar, para ingresar; por tanto, son símbolo de una fuerza agresiva orientada a la satisfacción del instinto de poseer o de destruir.

Perder los dientes
Significa perder la fuerza y la capacidad de poseer; por esta misma razón, en la tradición popular este sueño se considera profético, de mal augurio.

En los niños es posible que refleje un momento de imposibilidad de satisfacer todos los deseos, quizá por la necesidad de adaptarse a las normas sociales.

Dimensiones

Soñar con objetos más pequeños que su tamaño real, o más grandes, es sinónimo de intento de manipular impulsos y emociones opuestas, que revelan la existencia de inseguridades emocionales y relacionales.

Dinero

Es un valor artificial, que se refiere a algo que tiene valor en la vida del soñador. Puede estar en relación con la energía personal, entendida como vitalidad y expansión del yo, o como afectividad y amor.

Disparar

Significa atacar a alguien a quien se teme por el poder de relación o de afecto que ejerce. Quizá se quiere eliminar a esta persona porque es peligrosa, porque limita el espacio de evolución personal.

Divo o diva del cine

Un personaje público lleno de encanto (como es el caso de un actor de cine) corresponde a veces, de distintos modos, al padre o a la madre ideales, al maestro ideal.

Convertirse en un divo

Quizás expresa un intento de compensación del sentimiento consciente de sentirse inseguro, incómodo, insignificante y de no saber captar la atención de los demás. Para una interpretación correcta es necesario valorar el sentimiento que tuvo el niño durante la noche y en el momento del relato.

Drama

El cine, la representación teatral o el espectáculo televisivo suelen definir el drama de la vida del niño que sueña con ellos y con alguno de sus aspectos desagradables con los que no quiere estar asociado. Por eso se sitúa como espectador. Puede significar también que considera sus problemas con objetividad.

Edificios

La mayor parte de los edificios —y de sus características externas (ventanas, puertas...)— tiene el mismo significado que la casa. Y la casa, al igual que el cuerpo humano, representa la personalidad. Muchas veces se identifica a una persona con su casa, pensando que esta exterioriza su carácter. La casa y los edificios en general están ligados a la vida familiar, a las relaciones y a los comportamientos sociales.

Emociones

La emoción que se siente durante el sueño en general es excesiva, aunque raramente se equivoca de dirección y fracasa en la consecución de sus objetivos. Por tanto, ofrece muy a menudo una pista decisiva para entender el contenido del sueño, que, si no fuera por este elemento, parecería indescifrable. Interpretando las imágenes oníricas de las que surgen las emociones, estas resultan mucho más coherentes y comprensibles: los sueños se convierten entonces en representaciones pictóricas de la vida afectiva o emocional de quien sueña. Así es menos difícil entender por qué algunas escenas, aparentemente banales, muchas veces están unidas a emociones tan intensas que parecen fuera de propósito. La ansiedad, el miedo, la vergüenza y el pánico, al igual que el orgullo, el júbilo, los deseos y el amor que se sienten durante el sueño, deben ponerse en relación con la vida real del niño, y así podrá ser desvelado el significado auténtico y latente del sueño. Por ejemplo, un sueño caracterizado por la ansiedad alude probablemente a algo que en ese momento provoca inquietud: si el niño está preocupado por el colegio, el sueño está relacionado con este problema; si tiene un problema con un amigo, el sueño trata sin duda este tema, independientemente de la situación soñada. Puede ocurrir también que la situación ligada a la emoción haya sido ya superada, pero que la emoción todavía tenga que ser vivida y superada. Otras veces es la angustia la que permanece; en tal caso, el sueño podría intentar trasladar esta información a la conciencia del niño, para que la elimine completamente (es preferible a tenerla oculta en el fondo del inconsciente, en donde todavía tiene la posibilidad de ofuscar la visión de las cosas).

Empujón

Recibir un empujón (yendo en cochecito o columpiándose) significa recibir presiones; ser empujado por el dinero, placer autoerótico.

Enfermedad

Soñar que se está enfermo puede significar que se necesita recibir cuidados y atenciones o simplemente descansar. Esto mismo es válido para la persona que en el sueño es vista como enferma, a no ser que en casa se esté pasando por una situación de enfermedad física, en cuyo caso el sueño podría convertirse en un exponente de las motivaciones inconscientes, a menudo diametralmente opuestas a los deseos conscientes, que se esconden detrás de una enfermedad, real o imaginaria. Esta aclaración puede aplicarse también al mundo infantil: a veces, si no son capaces de controlar las situaciones que les sobrepasan y les causan tensión, los niños tienen dolor de barriga o dolor de cabeza, para evitar una situación que les provoca estrés. La probabilidad de contraer un resfriado o una enfermedad infecciosa aumenta cuando el cuerpo está bajo tensión debido a la afectación del sistema inmunitario.

Equipaje

Entendido como material llevado en un contenedor, puede ser el equivalente de una función psicológica y comportamental cuya finalidad es contener objetos, emociones o comunicaciones. Pero también puede significar unión, colaboración y cooperación de grupo, especialmente en edad escolar. Es indicativo de buenas aptitudes para relacionarse y de capacidad para asumir las distintas situaciones.

Error

A veces los chicos sueñan que entran en un aula que no es la suya o que se equivocan de autobús, y cosas por el estilo. Estos sueños denotan un comportamiento erróneo, casi una forma de actuar que va contra las normas morales aprendidas. El sueño les pone en guardia para que retrocedan y opten por la vía más correcta.

Escalera

Representa la escala social, pero también la escalera que soñó Jacob (unión entre Dios y el hombre) hacia el cielo. Alude al hecho de tener aspiraciones elevadas, pero también representa un punto de unión entre lo que se desea y la posibilidad de alcanzarlo.

Subir y bajar
Simbolizan las primeras aproximaciones de índole sexual.

Escuela

Es la primera experiencia de las convenciones y las restricciones sociales. Causa un fuerte impacto emocional y el inconsciente no la olvida nunca. Los episodios escolares afectan intensamente a los niños y pueden aparecer frecuentemente en sus sueños a fin de aclarar experiencias que han quedado confusas, o los sentimientos conflictivos que se pueden derivar de dichos episodios.

La escuela —con sus clases, los uniformes, los castigos, los éxitos, las humillaciones, los exámenes, las buenas notas, etc. — constituye un microcosmos de la vida social que el niño conocerá cuando sea adulto. Si se vive con una perspectiva amplia y positiva, sentará unas bases válidas para el futuro, y el niño adquirirá conciencia de sus capacidades y se esforzará por superarse. Por lo tanto, es muy importante analizar los contenidos de los sueños que hacen referencia a la escuela, porque revelan el sentimiento con el cual el niño afronta su tarea principal y, en consecuencia, permiten identificar, y si fuera necesario corregir, las posibles desviaciones. Esto significa infundir confianza y seguridad en el niño y hacerlo participar activamente en su emancipación social.

Soñar con el colegio también puede referirse a la disciplina, a la autodisciplina y al autocontrol.

Espejo

Es símbolo de narcisismo, fundamentalmente egoísta y mezquino, y, además, puede poner límites a las capacidades relacionales; sin embargo, este aspecto puede cultivarse en el ámbito de la conciencia y convertirse en conocimiento de uno mismo como forma de creatividad (este tipo de narcisos suelen ser muy creativos).

El reflejo de la persona que sueña en el espejo debe entenderse también como un intento de enfrentarse con lo que los demás dicen de ella.

Estaciones

Las estaciones del año están ligadas a los ciclos circadianos de la vida: la primavera es la infancia; el verano, la juventud, la flor de la vida; el otoño es la época en la que la vida debería dar sus frutos; y el invierno es la vejez.

En el sueño, la estación ayuda a identificar la edad del protagonista y del resto de personajes.

Estatua

Representa a alguien que ha sido puesto en un pedestal —a quien se idolatra— o a una institución —por ejemplo, la Iglesia— venerada de un modo absoluto y excesivo.

Si el niño sueña que modela una estatua es porque percibe que está siendo manipulado, especialmente en el ámbito escolar o relacional.

> ### Estructura del sueño
>
> Los padres que quieran reforzar la relación con su hijo experimentando la interpretación de los sueños deberán tener en cuenta que estos, al igual que las representaciones teatrales, muchas veces están divididos en episodios.
> Si se puede reconocer esta forma de agruparse lógica y natural, y separar los diferentes componentes del sueño, la interpretación resulta más fácil.
>
> **La presentación**
> Aislando los tipos de personajes, el número de figuras y los elementos del escenario se puede analizar mejor el sueño.
>
> **El nudo, las complicaciones**
> Es fundamental analizar el resultado de cada acción, qué ocurre y adónde lleva, estableciendo así una relación de causa-efecto.
>
> **La conclusión**
> La persona que sueña puede ser ayudada a sacar sus propias conclusiones del sueño. Tal vez esto proporcione alguna indicación para resolver un problema o sugiera una nueva dirección a seguir.

Exámenes

Están ligados a la ansiedad que comporta una prueba nueva. A veces la primera prueba oral o el primer examen escrito provocan insomnio y hacen que el niño se despierte con frecuencia. Si el niño se siente suficientemente preparado pero en el sueño suspende, puede tranquilizarse y pensar que todo irá mejor, porque puede ser que en el sueño haya intentado estimular su concentración.

Excavadora

Indica el deseo agresivo de derribar las barreras que separan al niño de unos objetivos que considera tan importantes como para considerar necesario el uso de mucha fuerza y energía psíquica y física.

Extranjero

Pelear con un desconocido
Expresa un conflicto interno con alguien y conduce también a una faceta extraña de alguien que la persona que sueña conoce. Es la representación de todo lo desconocido, ambiguo, incierto.

Individuo sospechoso (quizá un criminal) del mismo sexo que la persona que sueña
Representa la sombra. Significa que el niño tiene una percepción pobre de sí mismo, que gran parte de él le resulta confusa y desconocida. El extranjero que aparece indica una etapa en la que se examinan algunos aspectos todavía desconocidos.

Familia

La relación entre el niño y la familia influye en todas las relaciones que posteriormente aquel instaure fuera de ella. En el sueño, los miembros de la familia suelen aparecer representados por imágenes o símbolos, y sólo en raras ocasiones de manera directa, debido a las profundas implicaciones conectadas a ellos.

Los amores y el resto de fenómenos afectivos, las rivalidades y las luchas por la independencia y la afirmación de la personalidad, que tienen lugar en primera instancia dentro de la familia y más tarde en un contexto más amplio, en la sociedad, figuran en muchos dogmas, a veces alterados para que el niño acepte más fácilmente la revelación de sus conflictos interiores.

Fantasmas

Están en relación con las informaciones recibidas de la experiencia comunicativa en forma de historias, cuentos, fábulas o películas.

Forman parte de la actividad del imaginario y poseen también características espirituales, que el niño asume porque responden a deseos de aumentar el conocimiento de la realidad ordinaria.

Flores

Simbolizan la vitalidad, la belleza, el florecer de la personalidad, a menudo gracias a los éxitos y los progresos que acompañan a la edad evolutiva.

Lirio
Simboliza la inocencia y el talante incorruptible.

Rosa
Representa la belleza femenina; es índice de afectuosidad y pasión.

Formas o símbolos geométricos

Representan las estructuras fundamentales de las capacidades de construir del ser humano.

Círculo
Expresa integridad no diferenciada, unidad y perfección, nunca en un sentido restrictivo o limitado.

Cruz, esvástica, media luna
Son símbolos de reconciliación e indican que el niño empieza a superar las adversidades, aceptando las cosas tal como son.

Estrella
Es el símbolo del destino, de todo lo que da sentido a la vida del hombre y lo guía hacia su objetivo interior (seguir una estrella).

Fracaso

El sueño puede indicar que un objetivo es realmente imposible de alcanzar. La función de este sueño es hacer reflexionar sobre la conveniencia de abandonarlo o de poner en práctica otras estrategias más adecuadas para su consecución —quizá hasta entonces se había estado afrontando erróneamente.

Frío

Expresa distanciamiento emotivo. La persona que sueña se ve o se nota fría y observa o recibe el desarrollo de algunos acontecimientos como si no lograra participar emotivamente. Quizá no consigue involucrarse en las situaciones y no las vive como protagonista por miedo de resultar herido.

Fruta

Representa los resultados positivos de un compromiso o un trabajo, una búsqueda que da sus frutos, un periodo fructuoso de desarrollo. Después de nacer y florecer, llega el fruto, es decir, la fase más o menos madura a la que el niño pasa para instalarse en un estadio evolutivo superior.

Fuego

Expresa el calor de las emociones y, sobre todo, pasión y deseo. Es el símbolo natural de vida y pasión, aunque sea un elemento en el cual nada puede vivir.

Simbólicamente el fuego está muy ligado a la boca: lame, es decir, roza con la lengua, devora; no en vano existen las expresiones «lenguas de fuego», «labios o palabras ardientes», etc.

Al igual que cualquier otra imagen, debe analizarse la asociación de ideas inmediata. Por ejemplo, en el caso de un fuego verdadero puede tratarse de un escrito que se quema; por tanto, de esperanzas que se convierten en humo.

Fuente

Simboliza la madre, la feminidad o una mujer concreta, pero también el renacer y la fuente interior de vida (la fuente de la eterna juventud).

Gafas

Expresan clarividencia o necesidad de ver bien.

Disparidad entre las dos lentes
Es símbolo de un conflicto en el modo de ver las cosas.

Gestación

Es un sueño relacionado con la madre, especialmente cuando se espera la llegada de un hermanito o una hermanita. Puede suscitar celos.

Gestos

Muchos gestos corporales aparecen en los sueños como sustitutos de otros gestos más embarazosos. Así, por ejemplo, los movimientos hechos con las manos, aunque agitados o descoordinados, pueden referirse a la necesidad de entrar en contacto con el cuerpo y estimular, si quien sueña es un adolescente, la atención hacia el fenómeno de la masturbación.

Gigantes

Normalmente representan a los adultos y a los padres, percibidos como personas grandes e inalcanzables. Soñar con gigantes manifiesta dificultades en las relaciones e incomprensión.

Guerra

Los niños sueñan con la guerra porque han oído hablar de ella o han visto una película, documentales o informativos de televisión. Sin embargo, la guerra se presta a manifestar formas de agresividad, especialmente en la relación con compañeros y hermanos.

Heridas

Hacen referencia al temor de ser golpeado, cortado, castrado... Si un niño sueña que sufre heridas es porque considera que algo ocurrido con sus compañeros, en el contexto escolar o familiar, le ha ofendido y herido en el ánimo.

Héroe

Es una figura que frecuentemente convive con los niños durante el día porque aparece en juegos, lecturas o dibujos animados. Por consiguiente, es muy fácil que aparezca también en la actividad onírica. En el sueño de un niño representa el yo y en el de una niña, el animus, la parte emotiva masculina. En una aventura heroica, en el transcurso de la cual, por ejemplo, se derrota al monstruo sin matarlo, el héroe simboliza el ego consciente que lucha contra las fuerzas del inconsciente. En muchas historias y leyendas hay un héroe que mata a la personificación de todo lo que es tenebroso y malvado, pero así también se mata al Anciano Sabio (el arquetipo del espíritu), demostrando que su yo potencial está condenado a no alcanzar nunca la madurez, si sigue por ese camino. Por tanto, debe encontrar otro para poder llegar a un acuerdo con sus problemas, en lugar de esconderlos y destruirlos junto a la vitalidad y la energía que los acompañan. El yo heroico puede aparecer en los sueños o en las fantasías para infundir confianza en las propias fuerzas. Los niños, concretamente, adquieren seguridad inspirándose en la figura paterna. Puede ocurrir que el padre tenga un carácter débil y que el niño recurra a la figura del héroe para representar a un hombre más fuerte. En cambio, cuando el padre es muy autoritario y pretencioso puede provocar inseguridad en el niño, y no ser un estímulo para el desarrollo de su autoestima y confianza en sus capacidades personales.

Héroe que muere y luego vuelve a la vida
Simboliza el renacimiento, la renovación, la iluminación.

Héroe contra un villano
Representa el bien contra el mal, la megalomanía respecto al sacrificio de uno mismo.

Héroe herido por un detalle insignificante
Se refiere a un punto débil y profundo de la intimidad del niño, causado a menudo por una falta de concentración, en el momento oportuno, en la cuarta y menos desarrollada facultad de la mente: el sentimiento.

También puede referirse a otro aspecto de su carácter que el sueño le muestra para advertirle, para ponerle en guardia.

Herramientas

En general, aluden al descubrimiento de la manualidad, al significado de los objetos y a su manejo. Posteriormente, pueden albergar contenidos de tipo sexual. Véase *Armas*.

Hilo

Es sinónimo de tensión y de inseguridad al relacionarse. Centra la atención en los vínculos afectivos, para reflexionar sobre los sentimientos más puros y menos orientados a los intereses personales. Refleja una posesividad excesiva.

Horno

Es un lugar cálido y cerrado, que cuece, transforma y prepara los alimentos. Guarda una estrecha analogía con el vientre materno. Evoca sensación de protección y bienestar.

Huevo

Simboliza el potencial de la vida, que antes debe ser fecundado desde el exterior, y también la oscura materia que debe, por transformación natural, generar la vida o la vitalidad de la persona que sueña. También hace referencia a la fragilidad y a la peligrosidad de un trayecto que debe realizarse.

Huida

Evoca algo que escapa a la mente del niño, algo que se ha evadido de su memoria o de su control racional, un posible impulso emocional que necesita ser satisfecho. También muestra la solución de conflictos emotivos que tienen que ver con los compañeros del niño y con las peleas que haya podido tener con alguno de ellos.

Idioma extranjero

Hace referencia a algo que quien sueña no logra entender, a todo lo que es extranjero, incomprensible. Por otro lado, los niños siguen las conversaciones de los adultos parcialmente. En muchas ocasiones intuyen las ideas y no aprenden hasta más tarde los significados de los vocablos que forman el lenguaje.
   Puede referirse también al mismo lenguaje simbólico del sueño, que es algo parecido a un enigma presentado en un idioma extranjero.

Insectos

Representan algo que atormenta al niño sin darle tregua, como harían precisamente una chinche o un mosquito. En algunos casos son autoacusaciones, remordimientos que le corroen.

Intruso

Los intrusos simbolizan partes emotivas de la personalidad amenazadoras o molestas, que surgen de dificultades en las relaciones interpersonales con individuos que suscitan sensaciones de invasión emocional. El niño que sueña con el intruso intenta por todos los medios impedirle el acceso, pero una vez ha entrado (después de que el comportamiento consciente de quien sueña haya cambiado), a veces se muestra útil en un sueño posterior. Por lo tanto, hay algo que el niño necesita conocer, que debe reconocer, generalmente en sí mismo. A este nuevo elemento comprendido, que en un primer momento parece sospechoso, se añade un potencial de madurez capaz de extinguir el sentimiento temporal de precariedad. En el sueño de una chica, si el intruso la aborda, representa su deseo de conocer más al otro sexo; quiere saber cómo relacionarse con él y entenderlo.

Inundación

Es símbolo de caos, de desastre enorme que está fuera del control del niño y lo sobrepasa. Hace referencia al hecho de verse superado por impulsos inconscientes o instintivos, y a una súbita necesidad interna de cambio. Los sueños de inundaciones son frecuentes cuando se produce un cambio de hábitos: si el niño se aferra a las viejas pautas de conducta y se resiste, es porque tiene miedo de ahogarse. Este tema puede ir asociado a menudo con las primeras experiencias urinarias y las correspondientes sensaciones. A este respecto, otro sueño recurrente es el de un charco que se hace cada vez más grande hasta convertirse en océano, y que representa la presión creciente de la orina.

Isla

Es la representación simbólica de una vida ideal, una tierra estable y seca rodeada por el mar del inconsciente. Puede ser símbolo de reserva o de necesidad momentánea de soledad. En otros casos puede indicar también una sensación de aislamiento poco grata.

Jardín

Simboliza la vida mental del niño, con sus flores y sus frutos, los aspectos de la personalidad que cultiva, las distintas cualidades de su mente. Además, puede indicar en qué medida se siente poco cuidado. Los colores representan los sentimientos y las emociones, por lo cual deben ser tenidos en cuenta.

Jugar

La fase del juego es importante para la vida y la formación y desarrollo psicoafectivo y corporal del niño. Sin embargo, a menudo el niño que sueña que juega se representa a sí mismo en actitud de regresión respecto a los periodos de total despreocupación. Es un sueño que también refleja la necesidad de procurarse espacios recreativos.

Jugar a pelota
El balón representa el punto focal de un posible conflicto. Si el niño duda y mueve la pelota con poca destreza, el sueño expresa la incapacidad de dominar situaciones que giran en torno a un mismo eje.

No participar en el juego
Puede expresar la posible reticencia a participar en peleas o bien la necesidad de imponerse en la relación con los demás. Puede reflejar una ofensa sufrida durante el día, precisamente en un juego del que el niño se puede haber sentido excluido.

Juguetes

Este sueño evoca la necesidad de simular que todo es posible y todo puede tener un final feliz, utilizando precisamente los juguetes, que permiten un desarrollo de los acontecimientos a placer. También puede representar un exceso de posesión con respecto a un juguete determinado, ya que muchas veces los niños no prestan de buena gana sus juguetes y en el sueño pueden verse atormentados por la idea de tener que hacerlo.

Lago

Es la meta de muchos sueños, un refugio especial que el niño se esfuerza por alcanzar.

En la selva o en un bosque
Evoca un lugar misterioso, en donde se pueden asimilar nuevas ideas y renovarse.

En un valle
Indica que hay contenidos que el niño desconoce y que se ocultan en su mundo interior, por debajo del nivel de la conciencia.

Lanza

Puede ser una referencia a todo lo relacionado con la equiparación del niño con los demás. Cuando se da este sueño hay que comprobar los modelos de juego y la relación del niño con sus coetáneos y, en su caso, con otras figuras de mayor edad que participan en la medición de sus capacidades.

Letras

Los niños pueden soñar con letras del alfabeto porque están sugestionados por la lectura y la escritura.

Libro

Representa las funciones mnemónicas. Es la memoria externa de algo que se fija en el tiempo. Simboliza la sabiduría, la necesidad de aprender, de conocer, de estudiar, así como el peso del esfuerzo escolar que a veces oprime al niño, a pesar de interesarle.

Limpio/sucio

Se refiere a la conducta moral.

Ropa sucia, manos sucias
Aluden a un comportamiento que el niño considera inmoral. Así, por ejemplo, después de haber robado la mermelada, el niño puede soñar que lleva una camiseta manchada.

Llave

Representa la posibilidad de abrir o cerrar una situación relacional o situaciones de la realidad del sueño. También es un sueño de *problem solving*, es decir, de solución de problemas que alteran el funcionamiento normal de las relaciones y las obligaciones escolares.

Lluvia

Expresa el deseo de renovación y fortalecimiento, y simboliza la salida de una etapa de aridez, tanto en el plano afectivo como intelectual. Pero la lluvia también puede estar relacionada con la orina, con el problema de orinar en la cama o con la necesidad de orinar. Es un sueño ligado a las primeras experiencias sexuales de los varones.

Luchar

Expresa un dilema moral, un conflicto por resolver, especialmente en el contexto de las relaciones escolares y sociales, con coetáneos y maestros.

Lugar

El ambiente o el paisaje de fondo del sueño pueden sugerir la disposición anímica del niño, y en concreto el humor, o referirse a un periodo determinado de su vida asociado a un lugar concreto. El lugar puede ayudar a identificar a los personajes que intervienen en el sueño. Un paisaje puede tal vez reflejar el contorno del cuerpo, especialmente el de la madre.

Lugares desconocidos
Cuando aparecen en el sueño indican situaciones internas de actividad que todavía han de ser conocidas y aclaradas. Puede tratarse de un primer enamoramiento, de un viaje escolar que se vive como primera experiencia de separación del lugar en donde vive la familia.

Luna

Simboliza la cara materna, la esfera femenina, la luz en la noche, que es lo opuesto al Sol y es su imagen reflejada. Hace alusión a un conocimiento directo, intuitivo, que brilla en los abismos del inconsciente. Si se respeta y satisface, esta inteligencia puramente intuitiva puede convertirse en fuente de sabiduría espiritual. De lo contrario, el niño puede ser víctima de emociones y tensiones nerviosas. Los ciclos lunares son una imagen de renovación a través de un proceso de transformación, porque la luna se pone y desaparece, y luego renace la luna nueva. La fecha del día de Pascua, que se fija en función del ciclo lunar, se asocia con este significado simbólico. La luna también evoca deseos que se desvanecen, que es imposible alcanzar (pedir, querer la luna).

Luz

Expresa una inteligencia consciente y perspicaz, e indica que la atención consciente del niño debería dirigirse en una dirección determinada. Si la luz se dirige hacia quien está soñando, este deberá ocuparse más de sí mismo, identificar sus motivaciones personales y dejar de atribuir a los demás cualidades que no tienen y que no son más que simples proyecciones de sus propias desilusiones y limitaciones.

Madera

Todos los objetos de madera pueden tener el mismo significado simbólico que el árbol.

Mamar

Simboliza una petición de atenciones maternas, el deseo de calor afectivo, de ser abrazado y alimentado. Es posible que el niño que sueña que está mamando esté atravesando un periodo difícil, en el que se siente falto de fuerzas, y advierta la necesidad de una recarga para no agotar los recursos, afectivos y materiales. La interpretación adquiere aún más fuerza si el niño sueña que mama «hasta la última gota».

Mando a distancia

Se refiere al hecho de controlar, gestionar, hacer desplazar o cambiar de dirección, sin ninguna implicación (abrir una puerta automática, cambiar el canal de televisión).

Maquinaria, mecanismo

Evocan un comportamiento mecánico, como un autómata, sin iniciativa propia.

Inventor
Simboliza a Dios.

Mecánico
Simboliza al médico.

Mecanismo elaborado
Simboliza la parte más compleja del cuerpo: el cerebro; por lo tanto, el sueño manifiesta problemas complejos relativos a este dominio.

Desmontar un mecanismo
Representa una exploración de los mecanismos interiores del niño, de sus motivaciones, para intentar averiguar dónde está el fallo.

Mar, océano

Encierran las fuerzas ocultas de la naturaleza, los humores y los poderes místicos de la psique. Representan la matriz de todas las criaturas, su origen y su meta, el caos originario, la frialdad inhumana.

Agua profunda/agua poco profunda
Expresa el contraste entre lo profundo y poco abordable y lo superficial y más conocible.

Fondos abisales
Indican todo aquello que no puede ser aferrado o entendido, concretamente los abismos del inconsciente, y tal vez los abismos del mal.

Marea, olas

Simbolizan emociones, deseos, impulsos que buscan desahogo.

Máscara

A los niños les encanta el carnaval y los disfraces. Llevar máscara significa interpretar temporalmente otra identidad.

No poder quitarse la máscara
Indica que el niño no es capaz de ser él mismo y corre el riesgo de identificarse con su máscara. Si se niega a mostrar su rostro, su verdadera personalidad puede quedar ahogada y volverse árida por falta de contacto con los demás.

Soñar que otros llevan máscara
Puede indicar que los demás se esconden de quien sueña o que le mantienen en secreto algunas partes.

Soñar que uno mismo lleva máscara
Puede expresar el deseo de ocultar la identidad propia; además, ayuda al niño a identificarse con el héroe preferido o con lo que en realidad querría ser.

Mecer

Se refiere al movimiento hacia adelante y hacia atrás de la cuna, a la vida idílica del recién nacido, al movimiento del columpio, al vientre materno, a la felicidad de la infancia. Pero también se relaciona con la oscilación a la hora de tomar una decisión, la consideración de los aspectos positivos o negativos y el periodo de transición antes de adaptarse a una situación nueva.

Mente

La división de la mente en conciencia e inconsciente se hace por comodidad. De hecho, no significa que haya dos partes separadas que actúan de modo diferente; es únicamente una distinción entre las operaciones mentales de las que somos conscientes, y que incluso podemos desear en estado consciente, y las que ignoramos, pero que continúan su función y pueden influir más o menos drásticamente en la actividad onírica. En el inconsciente se encuentran, además de las fuerzas vitales, todos los tipos de motivaciones o estímulos que no conocemos.

Los sueños son los mensajes del inconsciente a la conciencia. Revelan los deseos inconscientes de la persona que sueña, su agresividad, sus emociones y toda una serie de informaciones que explican los móviles de su conducta.

Así, por ejemplo, reconocer en uno mismo afinidades con un cerdo no significa guardar un parecido con este animal: es simplemente un primer estadio para analizar y vencer las cualidades negativas que el cerdo representa.

Mito

El significado de los sueños puede ser mucho más claro cuando está asociado a los mitos. Si un sueño tiene algunos elementos en común con un mito, y sobre todo si dicho mito viene a la mente de manera espontánea poco después de despertar, conviene seguir las analogías que se pueden derivar de ello para intentar descubrir y comprender sus significados latentes.

Mochila

Como equipaje, contenedor de conocimientos o de cosas personales, con frecuencia está relacionada con el colegio, ya que se ha convertido en un objeto de uso común entre los alumnos. Puede significar el peso de esforzarse en los estudios y hacer los deberes. También puede hacer referencia a un desplazamiento, a un viaje para el cual se seleccionan algunas cosas personales con el deseo de no separarse de ellas. Representa la necesidad de reunir, recoger, guardar y buscar un espacio que pueda contener informaciones.

Molino

Representa el movimiento ligado a las fuerzas de la naturaleza, a los instintos que con disciplina generan la actividad y el trabajo (el molino tritura el grano y lo hace apto para la producción del pan).

Montaña, colina

Simbolizan obstáculos y dificultades que podrían ser considerados como un desafío.

Cumbre
Representa la cima de las ambiciones personales, el objetivo por alcanzar, el vértice del poder o del éxito, y también la experiencia, el conocimiento, la preparación cultural personal.
Igualmente simboliza el seno.

**Realizar grandes esfuerzos
para escalar grandes alturas sin resultados**
Es un sueño que indica que el niño está malgastando su energía en búsqueda de un fin inalcanzable, una energía que podría gastar de forma más sensata en otras direcciones, que, incluso, el sueño puede sugerir. En caso contrario, esta presunción, que requiere semejante esfuerzo, podría tener consecuencias desastrosas.

Escalar una montaña
Es un acontecimiento de crecimiento fundamental, que representa el paso de una etapa evolutiva a otra. Simboliza el momento en que las dificultades deben ser vencidas para poder llegar a la cima.

Bajar una montaña
Simboliza la maduración, la superación de los años de la edad evolutiva y de la adolescencia.

Estar en un valle entre montañas
Hace referencia a la protección, la seguridad, la comodidad, que pueden transformarse fácilmente en aislamiento y reclusión.

Morder

Expresa el deseo de poseer, de adueñarse de aquello que resulta mordido. En la infancia se puede relacionar con la dentición, que puede hacer que el niño sueñe que muerde o incluso que se muerde, a causa del dolor en las encías.

Muebles

Alfombras
Se relacionan con la posibilidad de tumbarse, de ponerse cómodo y de revolcarse, de sentirse a gusto con el propio cuerpo.

Armario, armario empotrado
Simbolizan el vientre materno y, por tanto, expresan protección o representan a la mente. Si están cerrados, indican mentalidad obtusa.

Cómoda, bufete
Son lugares para guardar platos, cubiertos, manteles, ropa, juguetes, objetos en general; evocan, por tanto, la custodia de las cosas útiles.

Lecho, colchón
Indican necesidad de reposo y, quizá, que el ritmo de vida es demasiado exigente.

Mesa

Es un punto de apoyo para comer, dibujar, escribir o estudiar, es decir, un lugar en donde se viven momentos provechosos.

Muerte

Simboliza a una persona que quien sueña desearía que muriera, ya que ha sido el propio inconsciente el que ha predispuesto su muerte.

Expresa el lado hostil, agresivo de las implicaciones afectivas, que no son bloqueadas en la vida cotidiana. El deseo de matar o eliminar es muy instintivo, y la impulsividad debe dominarse mediante la adquisición y la asimilación de normas de comportamiento cívicas.

En cualquier caso, los sueños están asociados a comportamientos espontáneos, instintivos, violentos y repentinos de un periodo de la vida determinado.

Muerte del padre o de la madre
El componente de rivalidad que caracteriza el amor por los padres ha crecido en el hijo por una relación exclusiva con la madre y en la hija por un deseo de alejar a la madre para estar más cerca del padre. En este caso, los sueños actúan como una válvula de seguridad.

Si el sueño va acompañado de ansiedad, esta puede estar asociada a la hostilidad y a la agresividad de la persona que sueña, mucho más que a la personalidad de la otra persona que participa en el sueño.

Soñar con la propia muerte
Expresa miedo a la vida, deseo de retirarse, de marcharse, una evolución, un distanciamiento de los años de la edad evolutiva. El viejo yo que está a punto de morir simboliza el final del egoísmo y el narcisismo.

Multitud

Se refiere a los demás en general, a la opinión pública y a los valores colectivos. El sueño puede revelar la conducta del niño respecto a la gente o bien sin relación con nadie en particular. Es, pues, una simulación de las conductas propias, casi una necesidad de revelar y al mismo tiempo ocultar, en medio del conjunto heterogéneo, un problema que percibe interiormente. La gente puede aparecer en un sueño para camuflar a una persona que, en caso contrario, destacaría de manera desconcertante.

Multitud de personas que sale a la calle o grupo de personas tumultuosas
Indican emociones violentas del inconsciente.

Multitud de pensamientos
Una persona puede significar una idea. Además, puede haber un pensamiento concreto oculto entre el gentío; en este caso representa la masa de pensamientos que abarrota siempre al inconsciente.

Perderse, desaparecer entre la gente
Evoca un deseo de no hacerse notar, de evitar las responsabilidades personales y las preocupaciones, de permanecer oculto.

Persona que sale del gentío
Simboliza una idea importante que surge de la masa confusa de los pensamientos.

Ver que mucha gente le mira a uno
Expresa la ansiedad ligada al aspecto personal y a la impresión que se da en público, y también al nerviosismo por la proximidad de una exhibición, un examen, un ensayo... Puede indicar igualmente una opinión un poco adulatoria de la importancia de uno mismo.

Museo

Evoca una reserva de recuerdos de la memoria a largo plazo, en general imágenes y recuerdos antiguos de personas y lugares. Es un lugar en donde se enriquecen los conocimientos y se aprende observando.

Música

Simboliza la música de la vida, con sus armonías y sus desacuerdos. Puede significar la circunstancia de afrontar con valentía una situación difícil y jugar con las emociones o intentar mantenerlas a la expectativa.

Notas discordantes
Indican un conflicto subyacente; el resto del sueño puede revelar su verdadero origen.

Organista
Es una personificación de la voz masculina y del desarrollo de la sexualidad del chico.

Órgano
Simboliza la voz masculina o el órgano genital masculino, el pene.

Orquesta
Simboliza la mente de quien sueña y sobre todo sus emociones, con las que la música está estrechamente asociada.

Nacimiento

La experiencia —y a menudo el trauma— del nacimiento se registra en el inconsciente y se dibuja en los sueños, de forma simbólica, cada vez que algún hecho más o menos parecido de la vida real reaviva en las profundidades de la mente su recuerdo, que, dicho sea de paso, nunca ha alcanzado el nivel de la conciencia. Las imágenes asociadas al nacimiento pueden aparecer tal cual, o bien sufrir una inversión: la persona que sueña sale a rastras por pequeños agujeros o bien entra en ellos; surge de las aguas del mar o se sumerge en ellas; navega por estrechos canales en una embarcación ligera para entrar o salir de un túnel, y así sucesivamente. Este tipo de sueño aporta una ansiedad todavía mayor a la situación del momento, a pesar de que esta tenga muy poco que ver con el acontecimiento, que se sitúa claramente en el pasado. Es beneficioso reconocer una relación con el nacimiento para aplacar la ansiedad que emerge del sueño, conscientes de atribuirla a un periodo totalmente superado.

**Nacimiento que acaba de tener lugar
o que está a punto de ocurrir**
Expresa renovación, regeneración, deseo de elevar la vida propia o de recomenzar una actividad ya aprendida, pero sin caer en los mismos errores. A menudo es un tema recurrente en los sueños de los niños cuando llega un hermanito o un primo a la familia.

Negación

El periodo de la infancia está constituido por continuas negaciones, que se utilizan para transmitir los valores educativos. Para enseñar un comportamiento correcto es necesario contener la espontaneidad y la impulsividad típicas de los niños, y es fácil que alguno de estos muchos «¡No hagas esto!», «¡No hagas lo otro!» sea revivido en sueños para ser entendido más a fondo. En el sueño, las negativas expresan el deseo de la persona que sueña de que las cosas sean diferentes. Las negativas en cuanto tales carecen de valor en los sueños. El intento de negar la existencia de una preocupación es muchas veces el intento de conservar el control de la ansiedad que esta suscita. Por consiguiente, la idea que el sueño proclama que no existe, en realidad ha invadido la mente, pero la persona que sueña desearía que esto no hubiese ocurrido.

Alguien cuya ausencia se nota, alguien que no está
Simboliza a alguien que sí está y que tiene un papel en el sueño, pero cuya presencia suscita angustia.

Niebla, oscuridad

Evocan una visión confusa y ofuscada que expresa perplejidad, el no saber hacia dónde ir. Se asocia con la sensación de vivir un periodo en el que alguien o emociones que causan ansiedad impiden la percepción directa de la realidad.

Nieve

Expresa frialdad emotiva, afectividad negada, pero también candor, pureza, inocencia o conocimiento intuitivo, inmediato.

Cumbres nevadas
Simbolizan soledad e introversión, el invierno del alma y el sufrimiento, que protegen el terreno y las raíces de heladas más intensas.

Deportes invernales
Están relacionados con las vacaciones, el descanso, la recuperación, la reanudación.

Excursión a la nieve
Evoca una expedición entre las blancas sábanas de la cama, un deseo de descansar durante más tiempo.

Ver a alguien en la nieve
Es el símbolo de alguien que se ha mostrado despiadado con la persona que sueña.

Niño

Puede representar a aquellos coetáneos por quienes la persona que sueña tiene sentimientos favorables o, por el contrario, hostiles. También puede simbolizar al soñador mismo en el modo en que la madre y el padre, sin perder nada de su individualidad propia, se convierten en «uno» en él, como si el niño percibiera que es parte de la madre y del padre. Quizás es una imagen de lo que es posible crear y hacer crecer superando un conflicto temporal. En cualquier caso, es un sueño que indica que el conflicto interior está a punto de ser superado.

Nubes

Expresan fantasías vagas, lo irreal (tal como sugiere la expresión «estar en las nubes»). También puede expresar un vivo deseo de huida y de evasión fácil. Otra alternativa es un punto de vista débil, ofuscado:

las nubes se interponen entre la persona que sueña y el Sol, símbolo de la conciencia.

Nubes cargadas de lluvia
Son necesarias para la tierra, que así puede hacer germinar y crecer las simientes. Son, por tanto, un símbolo de crecimiento, fertilidad o renovación inminentes, aunque también de devastación y ruina, si la lluvia es demasiado abundante.

Números

Los números conllevan a menudo una exactitud sorprendente y pueden proporcionar una pista válida para explicar el contenido real del sueño, siempre que, naturalmente, niños y padres hayan comprendido de qué manera el inconsciente elabora sus curiosos juegos de prestidigitación, divirtiéndose con las cifras.

Además, los números se refieren a fechas significativas que recuerda el inconsciente, pero a veces no la conciencia, como por ejemplo el cumpleaños, la edad o un aniversario.

Números del uno al nueve
Representan las etapas necesarias para llegar al cero, o a la perfección de los equilibrios energéticos representados por el símbolo del círculo (la forma geométrica más perfecta, sin ángulos). El inconsciente, como ya hemos visto, juega con los números. Además, puede ser necesario descomponerlos en varias partes que se puedan sumar o multiplicar entre sí, hasta descubrir los significados que encierran y que pueden hallarse con asociaciones espontáneas o comparando los números significativos para el soñador con los del sueño.

Uno
Simboliza lo masculino, un hombre o el aislamiento. Por otro lado, sugiere la similitud entre el número uno y el yo, y también significa la unidad.

Dos
Expresa dualidad: las dos caras y las dos mitades de las cosas. A menudo es lo masculino y lo femenino: un par, una pareja, es decir,

una armoniosa relación heterosexual (dos objetos, dos casas). Además, este número está ligado a una elección o a un conflicto entre dos oportunidades y a veces se remonta a una escisión interna: dos visiones del mundo diferentes, dos opiniones. Indica la contraposición de comportamientos conscientes e inconscientes: claridad y oscuridad, altruismo y egoísmo. Soñar dos cosas, una frente a la otra, significa progreso, crecimiento, transformación; soñar dos calles paralelas o vías de tren significa compartir o dividir, reducir a la mitad; soñar dos cosas y media hace referencia al padre, la madre y el niño.

Tres
Simboliza el grupo padre, madre e hijo, y también la Trinidad y los órganos genitales masculinos.

Cuatro
Expresa integridad, es decir, que las cuatro facultades de la mente —sensación, intuición, pensamiento, sentimiento— están integradas de forma satisfactoria en la personalidad global. Muchas referencias tienen el cuatro como base: las estaciones, los cuartos de la brújula, los cuatro elementos de la naturaleza.

Cinco
Hace alusión al cuerpo, con cinco apéndices (dispuestos en forma de estrella) que son la cabeza, los brazos y las piernas, y también la mano abierta con cinco puntas (los cinco dedos): de ahí la asociación con la vida.

Seis
Se refiere al sexo, no sólo por la relativa asonancia entre las palabras *seis* y *sexo* en muchos idiomas, sino también porque es el resultado de 3 × 2, lo masculino y lo femenino. Este número es signo de generación, de evolución. Si en el sueño aparece vuelto hacia abajo, indica fracaso sexual y afectivo. Es un número que puede aparecer a menudo durante la adolescencia.

Siete
Hace referencia al séptimo día, el que se dedica al Señor. Además, es el número de arcángeles en la tradición judaica y el de las

divinidades atribuidas a los planetas que veneraban los antiguos. Tradicionalmente es un número sagrado.

Ocho
Aparentemente no tiene ningún significado simbólico, salvo quizá como 2 × 4 (véase *Cuatro*).

Nueve
Nueve son los meses de gestación. Puede simbolizar, por tanto, una realización en el futuro próximo. Se refiere también a un punto máximo que se ha alcanzado, porque es el número simple más alto.

Números (otros números específicos)

Cero
Simboliza el inconsciente, salvo que por su significado pictórico deba interpretarse como símbolo de la feminidad o como un círculo.

Diez
Simboliza el macho y la hembra, el interés sexual, el deseo de una relación. También hace referencia a los Diez Mandamientos (si aparece otro número en el sueño puede indicar cuál).

Doce
Es un símbolo del tiempo: las doce horas del día, los doce meses del año, los doce signos del Zodíaco. Y representa un clímax, es decir, ideas y expresiones dispuestas en orden ascendente, o un punto culminante.

Un medio
Hace referencia al hecho de encontrarse a medio camino.

Un cuarto
Hace referencia a la casa, al hogar.

Veinticuatro
Se asocia con las horas del día.

Números impares
Están relacionados con la parte masculina o con lo insólito, extraño, original y a veces moralmente equivocado.

Números pares
Están relacionados con la parte femenina.

Un cierto número de objetos
Este sueño se refiere a algo totalmente diferente del significado atribuible a los objetos en ellos mismos. La única característica en común con la representación del sueño es el número. Por ejemplo: cinco frases podrían significar cinco visitas. Las cantidades de dinero, las fechas, las distancias son todas ellas intercambiables.

Un cierto número de personas
Simboliza el número de miembros de la familia del niño o de cualquier otro grupo que para él sea importante. Las relaciones entre las figuras en el sueño pueden representar las que existen en la realidad aunque vistas por el inconsciente de quien sueña.

Un número de objetos idénticos
Si aparecen en el sueño, tienen el significado de un mismo acto repetido varias veces, un mismo hecho que se ha producido a menudo. También podrían destacar el significado de dicho objeto, siendo la manera que usa el inconsciente para repetir la misma palabra o la misma idea, como si dijera a quien sueña: «¡Te lo he repetido cien veces!».

Objetos

Sirven para representar conflictos, relaciones y especialmente fantasías instintivas que, camuflados en forma de objetos, la persona que sueña acepta mejor. Las personas y las ideas también pueden materializarse, es decir, tomar la apariencia de cosas.

Los psicoanalistas consideran que hay una serie de objetos que son particularmente adecuados para indicar el órgano sexual masculino y otro grupo que se utiliza para reconocer la simbología de la sexualidad femenina.

Según esta línea, todos los objetos largos y puntiagudos y todo lo que se dilata, se deshincha, penetra, surte o expele —palos, lanzas, vigas, plumas, tubos, mangueras, cuerdas— y todo lo que puede ser manipulado o tocado para producir un sonido (por ejemplo, los instrumentos musicales) ocupan en el sueño el lugar del órgano sexual masculino. Ciertamente un instrumento muy puntiagudo podría significar una inteligencia aguda, pero si expele algún líquido —como si fuera una jeringa— no cabe duda de que simboliza al pene.

Todos los objetos cóncavos o de forma circular —recipientes y todo tipo de vajilla, como sacos, tazas, cavernas, grutas, collares, aros de cuba— representan los órganos sexuales femeninos, es decir, a la mujer o la esencia femenina, o también el vientre de la madre y, por consiguiente, a la madre o su arquetipo. Este significado a menudo está reforzado por otras asociaciones: la mujer, por ejemplo, suele estar unida a la cocina, ya que el horno y la preparación de la comida son dos imágenes suyas muy comunes (también debe incluirse el bolso). Concretamente, una copa o un cáliz representan la cavidad del órgano sexual femenino. La personalidad en su integridad.

Alfombra
Simboliza a una mujer.

Dos tazas u otras parejas similares
Simbolizan una visión contrastada en la valoración de la madre —unas veces se ve como una figura comprensiva y consoladora, otras como alguien que pretende hacer cumplir las normas de comportamiento— o también el conflicto entre padres e hijos típico del periodo de la afirmación del carácter y la individualidad.

Herramientas
Representan recuerdos imperecederos, inolvidables.

Objetos hechos de un material determinado (madera, tela, papel)
La palabra *material* deriva del término latino *mater*, que significa «madre». Simboliza a la madre o la maternidad.

Objetos que toman vida
Se refieren a la consecución de algunas etapas fundamentales, al inicio de una vida nueva, a nuevos potenciales que se desarrollan en el niño.

Objetos resquebrajados
Señalan puntos débiles del carácter.

Objetos vivos
Son imágenes de las impresiones o de los recuerdos más vivos, que continúan teniendo un papel importante.

Obstáculos

Paredes, vallas, cercados, puertas cerradas con llave, setos, bosquetes y todo aquello que impide salir (por ejemplo, la lluvia) simbolizan inhibiciones, escrúpulos de conciencia u otro tipo de dificultad que interfiere o reprime. O también reticencia por parte del niño, ya que ha sido él mismo quien ha introducido los obstáculos en el sueño.

Indican, por otro lado, que el niño, quizá inconscientemente, puede conocer los peligros y los riesgos que hay en la realización de sus objetivos conscientes (la concreción de sus ambiciones, por ejemplo, podría hacer peligrar algunas relaciones personales).

Los obstáculos del sueño pueden hacer alusión a dificultades del momento que el niño dice rehuir, pero que por el contrario provoca a nivel inconsciente. En cualquier caso, si no logra poner de acuerdo las miras conscientes y el punto de vista del inconsciente puede ocurrir que se encuentre en jaque o en un punto muerto desde el cual no sea capaz de concretar nada.

Ocultar

Soñar que se oculta algo expresa una necesidad interior de confiar un secreto, de descargar la conciencia, una tendencia que a veces se revela por primera vez en los sueños. Puede ocurrir que el niño no esté seguro de estar obrando correctamente y quiera obtener una confirmación, aun temiendo el juicio por miedo a haberse equivocado; otras veces, el niño ha actuado con imprudencia o desobedeciendo una orden y después siente la necesidad de confesarlo; esto es lo que puede ocurrir antes de tiempo en el sueño.

Intruso oculto en la habitación
Este temor alude quizá a un episodio que el niño hubiera deseado vivir sin testimonios.

Esconderse en un lugar oscuro y estrecho
Expresa una tentación de huida al vientre materno (véase *Nacimiento*).

Ofrecer

Soñar que se ofrece algo que, en la vida real, no gusta a quien lo recibe, puede mostrar el origen del conflicto con esta persona, la causa de todas las dificultades de la relación: la tendencia por parte de quien sueña a dar únicamente lo que ella quiere en lugar de lo que el otro necesita o desea. Por ejemplo, la niña puede ofrecer a su madre unas fresas, sabiendo que en estado de vigilia no le gustan, pero a pesar de todo en el sueño esta se las come.

Opuestos, contrarios, antítesis, contrastes

Descubrir las oposiciones y los contrastes en los sueños —la mayor parte de las imágenes se pueden emparejar con sus contrarios— es importante, porque muchas veces ofrece una nueva perspectiva a las tensiones y los conflictos interiores de quien sueña. Cuando en un sueño aparecen imágenes antitéticas, su significado podría hacerse comprensible por una contraposición y por una relación con la vida real de la persona que sueña.

Veamos algunos ejemplos para ilustrar de qué manera el inconsciente usa las imágenes opuestas para establecer, en términos pictóricos, las dos caras del problema: calor/frío, verano/invierno, norte/sur para significar amor; calor/indiferencia para indicar aversión; Sol/Luna, rey/reina, emperador/emperatriz para representar lo masculino en oposición a lo femenino; viejo/joven o algo viejo en contraposición a algo nuevo, o también una casa o un piso viejos en contraposición a una casa o un piso nuevos, para indicar actitudes antiguas en contraposición a actitudes nuevas; caminar/conducir para expresar el avance lento pero con medios propios, en oposición al avance veloz, pero contando con una ayuda, un apoyo externo; oscuridad/luz, negro/blanco, encima/debajo, dulce/amargo para indicar lo puro, lo ideal en contraste con lo inmoral, lo instintivo.

Los opuestos enfocan el problema que crea contraste interno. Así, la madre contrapuesta a la maestra hace referencia al típico deseo infantil de quedarse con la madre y ser cuidado por ella, un deseo que se opone a la necesidad de emancipación social que supone ir al colegio y vivir fuera de las paredes de casa y que conlleva la aceptación de responsabilidades.

Oro

Indica algo que es muy valioso para el niño. En el sueño destaca sobre todo su valor (véanse también *Tesoro* y *Colores*).

Oscuridad
(especialmente una densa atmósfera nocturna en los sueños)

En el sueño la oscuridad se refiere a la esfera del alma inconsciente, el principio femenino de ductilidad contrapuesto al espíritu activo. Los sueños oscuros y amenazadores comunican que la inteligencia consciente tiene demasiada confianza en sí misma e ignora el mundo emocional y pasivo de la feminidad.

Un miedo irracional a la oscuridad puede ser únicamente el miedo a que el espíritu consciente sea engullido de nuevo por el inconsciente originario, del cual ha emergido a través de un largo proceso de evolución.

**El desconocido o la muerte,
o bien algo que se prefiere no ver demasiado cerca**
Simbolizan cualquier cosa de la oscuridad que el niño prefiere no ver completamente.

Estar apretado en un lugar angosto y oscuro
Representa el regreso al vientre materno (véase *Nacimiento*).

Pájaro

Simboliza la imaginación, el vuelo de los pensamientos y las ideas que encuentran un espacio de libertad. Los pájaros son símbolos portadores de noticias e informaciones, porque se mueven volando de un lugar a otro. Las aves nocturnas a veces son portadoras de malas noticias; las diurnas, de noticias buenas.

Palabras

Las palabras, las frases y las opiniones que aparecen en los sueños han sido oídas frecuentemente por el niño en estado de vigilia. El personaje que las pronuncia puede ser un sustituto de la persona que las dijo en la vida real. Las frases pueden nacer de un montaje de otras frases oídas en la realidad, o pueden ser originales. Sea como fuere, las palabras pronunciadas en el sueño generalmente son la expresión de la voz de la conciencia.

Abreviaciones y neologismos
Los sueños a menudo abrevian las palabras, y siempre lo hacen de forma significativa. Para interpretarlas, hay que tomar nota de ellas tal como fueron pronunciadas en el sueño, y luego buscar su parecido o asociación con otros vocablos.

Discusión
Indica un conflicto interno, impulsos contradictorios en el niño, que quizás está intentando liberarse de ciertos aspectos de su educación o de algunos condicionamientos.

Juegos de palabras
Si la palabra que el niño usa para describir el sueño tiene un doble significado, puede ser precisamente este segundo significado el que dé más sentido al sueño. La sustitución de las palabras no siempre es

correcta de una manera absoluta: el sueño no tiene en cuenta las diferencias ortográficas, ni las letras añadidas u omitidas.

La persona que sueña da un consejo
Puede revelar la verdadera actitud de quien sueña.

La persona que sueña recibe un consejo
Dado que el consejo nace de la misma persona que sueña, a pesar de que en el contexto del sueño se atribuya a otra, puede indicar la tentativa hipócrita de cargar la responsabilidad sobre otras personas, sobre todo si este acto comporta mostrarse indulgente y benévolo con uno mismo.

Opiniones, juicios
Normalmente en el sueño no están completamente deformados, y por tanto pueden revelarnos el tema al que se refiere el resto del sueño.

Palabras incomprensibles, que no se oyen claramente
Hacen referencia a algo que el niño no ha sido capaz de entender o se ha negado a hacer.

Palabras prohibidas (palabras tabú)
Expresan un deseo vivo de hacer lo que está prohibido. Por otro lado, la prohibición —y más aún en los sueños que en la vida— es una manera de suscitar el interés y de provocar la desobediencia, un intento de llamar la atención por algo.

Reprimendas, amenazas, advertencias
Simbolizan autoinculpaciones, culpas.

Palmera

Es un símbolo tradicional de paz, de valor, de triunfo, de victoria; en definitiva, es un símbolo positivo. Sus ramas, los palmones, se usan durante la procesión del Domingo de Ramos. En esta época del año es más frecuente que los niños que acuden a la catequesis sueñen con los palmones.

Papel

Un papel puede simbolizar la importancia de cosas ciertas, o que deben ser confirmadas, para hacerlas estables y bien definidas. En general, es un sueño ligado a la ansiedad provocada por la espera de una carta o de una comunicación, o bien del resultado de un examen escrito que el niño teme.

Parálisis
(quedarse clavado en el suelo, ser incapaz de moverse, estar rígido, permanecer inmóvil)

Expresa impulsos o emociones contradictorios. El niño necesita realizar una cosa determinada, pero está inmovilizado por el miedo a las consecuencias, o, por el contrario, desea huir de aquello que lo persigue, pero, como inconscientemente desea dicha situación, no puede moverse, principalmente porque no quiere.

El impedimento físico para moverse indica un bloqueo mental, una inhibición, un aspecto del carácter reticente a los cambios. Y si el niño se debate entre la ambición y la pereza, el sueño puede referirse precisamente a esto.

Si el sueño aparece en un periodo en el que el niño desafía la autoridad de los padres, o rechaza aquello que había aceptado hasta el momento, puede expresar su temor de seguir en esta dirección.

Tener una sola extremidad paralizada
Expresa impotencia, estancamiento emotivo y una visión rígida de las cosas o una falta de confianza. El mismo conflicto afectivo, de una manera más aguda de lo normal, podría desembocar en una parálisis psicosomática.

Pasaporte

Es un medio de identificación, que simboliza un modo de afirmar la propia identidad. En la edad evolutiva hay momentos en los que los niños tienen la ocasión o la oportunidad de demostrar y de demostrarse su propia identidad: puede ser una referencia al ego.

Peces
(y otros animales acuáticos)

Representan el contenido de los estratos profundos del inconsciente (véase *Agua*). En la escala de la evolución, los peces son animales muy primitivos y, por tanto, están unidos a un pasado muy lejano, a algo que proviene de un mundo muy extraño. Estos animales pueden simbolizar la fuerza regeneradora que a veces tiene el valor de un tesoro que yace en el fondo de una caverna o en un pozo. Además, los peces representan la frialdad y el deseo de cariño, pero la incapacidad o imposibilidad de recibirlo (los peces son animales de sangre fría). La sensación es estar como un pez fuera del agua precisamente a causa de la falta de calor humano.

Ser comido por un pez
Alude al hecho de ser devorado por el inconsciente.

Comer pescado
Es símbolo de renovación, de renacimiento (el pescado es un alimento maravilloso).

Ojos de pez
Expresan atención continua, porque nunca están cerrados.

Peces que nadan en direcciones opuestas
Simbolizan el inconsciente y las emociones del niño en contraposición con el inconsciente colectivo: un tipo de conflicto que solamente puede ser resuelto adaptando las fantasías y los sentimientos personales al esquema de los arquetipos.

Tipos de animales relacionados con el agua

Langosta (y otros crustáceos)
   Hace referencia a los órganos genitales masculinos, por su forma y color rosado.

Cangrejo
   Es un símbolo de novedad, cambio, renovación, porque el cangrejo muda, cambia de caparazón (en astrología el signo de

Cáncer, representado por un cangrejo, está regido por la Luna y empieza en el solsticio de verano, cuando los días son largos).

Medusa
Simboliza todo aquello que irrita o resulta molesto, sobre todo si está asociado al mar (la esfera inconsciente femenina).

Mejillones
Por su forma aluden a los genitales femeninos.

Ostra sin concha
Indica falta de personalidad, de aplomo para afrontar los riesgos y los peligros de la vida (véase *Ropa*).

Pulpo
Simboliza a la madre posesiva que envuelve y abraza.

Pelota, balón

Un acto de juego, un momento agradable del juego o un juego de equipo indican colaboración con los compañeros, pero al mismo tiempo competición, según la situación soñada.
   Pelotas y balones simbolizan un momento en el cual el niño tiene la sensación de entrar en juego, demostrando sus capacidades para superar los retos.

Perder

Perder algo, o perderse, hace alusión a la confusión mental, a la desorientación; por el contrario, encontrar el objeto o reencontrar el camino indican que la época difícil ya ha sido superada.

Persecución

Soñar que alguien le persigue simboliza una obsesión del niño: se siente perseguido y molestado por algo de lo que desea huir y que le asusta, pero que al mismo tiempo le atrae, ya que él mismo ha predispuesto todas las partes del sueño. Ser perseguido por animales expresa la fuga de alguien a quien se percibe como muy instintivo y fuerte.

Personas

Los personajes que aparecen en los sueños, o interpretan a las mismas personas a las que representan, pueden desempeñar uno de los siguientes tres papeles principales: representan a alguien que tiene una gran importancia para quien sueña; representan las ideas de quien sueña, cuando aparecen en el sueño por una característica precisa; o representan la vida interior de quien sueña, como si se proyectara en una pantalla.

Si, en la vida real, el niño tiene una relación de tipo afectivo con la persona que aparece en el sueño, no hace falta buscar muy lejos para descubrir el motivo de su presencia; en cambio, cuando se trata de un conocido ocasional, es fácil que este último sustituya a otra persona. Incluso el género puede ser falso, para camuflar todavía más su identidad, aunque en los niños las estrategias del inconsciente para ocultar la verdad todavía no están totalmente evolucionadas y, generalmente, no es difícil desenmascarar los disfraces. De todos modos, hay una clave para descifrar la figura del sueño, y es que siempre, sin excepciones, tiene un punto en común con la persona implicada realmente: un rasgo físico (pelo rubio, ojos azules) puede ser una indicación suficiente para descubrir quién se esconde detrás del personaje del sueño; la expresión facial puede delatar al personaje: si tiene una expresión severa puede recordar a alguien que en la realidad tiene una mirada así o desempeña un papel severo. Quizá un detalle de la expresión verbal, del vestir o del contexto en donde tiene lugar la acción, permitan determinar la identidad exacta del personaje.

Figuras compuestas, formadas por varias personas conocidas o por una persona que se convierte en otra o que se incorpora a otra hasta dejar de ser distinguible
Con frecuencia estas personas no son más que el emblema de una idea; para identificarla conviene descubrir el punto que tienen en común. Por ejemplo, si todas ellas están divorciadas, entonces el sueño intenta llamar la atención sobre la idea del divorcio (quizá los padres

han protagonizado una discusión, no tienen las mismas ideas o hablan de separación). Puede ocurrir que su punto en común sea la clave interpretativa para entender lo que un niño piensa de una persona concreta, entre todas las representadas (en este caso el resto no son más que un elemento complementario). En la infancia, las otras personas —los demás— se perciben en su aspecto más externo y se convierten en parte de una imagen concreta muy subjetiva. Por lo tanto, es fácil que los niños confundan sus fantasías respecto a los demás con la realidad y luego se sientan desilusionados. Por ejemplo, un niño puede tener simpatía por un vecino porque se ha parado un par de veces a charlar con él; entonces cree que encontrará hospitalidad en su casa y que allí podrá descubrir cosas divertidas que le atraerán; sin embargo, puede ocurrir lo contrario, es decir, que el vecino sea introvertido y reservado con su vida privada. Para no empeorar este condicionamiento al ver las cosas, conviene ayudar a los niños a reconocer aquello que pertenece a la esfera interior, para enseñarles a tener una visión más objetiva. Esto supone una importante ayuda para la interpretación de los sueños, para entender que lo que se ve en los demás es la expresión exterior del propio ser interior. Como dice Freud, «los sueños son totalmente egocéntricos». Y si los personajes que aparecen en ellos no representan a personas muy importantes para quien sueña, ni ideas que le atañen directamente, entonces son con toda probabilidad proyecciones o personificaciones de su vida interior.

Nombres de persona
Amigos, parientes o cualquier otra persona que el niño conoce pueden ser elegidos para interpretar una parte del sueño únicamente por su nombre. Pueden representar, por tanto, a otra persona que tenga el mismo nombre de pila, y que ha sido sustituida por ser más significativa en su experiencia y porque se ajusta mejor al contexto del sueño. Así, un niño puede aparecer ocupando el lugar de un anciano de idéntico nombre, apellido o apodo. Por ejemplo, alguien que se llama Pedro en el sueño puede representar a un amigo llamado de este modo, pero de características diferentes de las del Pedro que aparece en el sueño. Puede incluso representar a una figura como San Pedro, el guardián de la puerta del Paraíso, llamando así la atención en la conciencia. Otro ejemplo: el niño puede soñar con un personaje llamado María que representa a una María del mundo real, pero con ciertas diferencias, o bien puede representar a la Virgen María,

indicando así una elaboración sobre sus opiniones en torno a la pureza o todo lo que pueda estar asociado a la Virgen. También es posible que el nombre o apellido contenga un mensaje: Marcos, Lucas, García, Herrero o Expósito, todos ellos nombres y apellidos muy comunes, pueden hacer referencia a cualquiera. Finalmente, tratando de dar un nombre a una persona que no lo tiene en el sueño, se puede descubrir quién es en la realidad o a quién representa.

Persona que ya no está desde hace un tiempo
Se remite a la época en que el niño se relacionaba con esta persona. Tal como ocurre en todas las imágenes de un sueño, la figura que sustituye al protagonista verdadero no se elige arbitrariamente. Es más, la elección ofrece una explicación eficaz de la actitud del niño en relación con la persona que quiere representar. Las imágenes mismas son muchas veces más reveladoras del significado subyacente, ya que hasta el momento no ha sido posible descubrir la importancia que tienen para la vida del niño. Soñar que alguien es emperador, por ejemplo, no revela su sentido hasta que el niño ha entendido para quién tiene tanta consideración. Por otra parte, los sueños dan una visión totalmente subjetiva de los afectos y los odios de quien sueña, y es muy probable que se sueñe con algunas personas cuando existe un conflicto entre el afecto que les profesa y el antagonismo que los enfrenta. Por el contrario, las personas que resultan indiferentes, o por quienes se siente un afecto sincero, no aparecen en los sueños o lo hacen únicamente de forma cifrada. Alguien puede participar en un sueño simplemente porque representa un aspecto del carácter o de la vida de la persona que sueña.

Personas diversas con papeles de comparsa
(que aparecen en una serie de sueños)
Todas ellas pueden representar a una sola persona, siempre la misma, importante para el niño. Esto es aplicable también, pero a la inversa, a una sola figura del sueño, sobre todo si algunos aspectos son irreconciliables con su presencia. Si en primera instancia aparece muerta y, al cabo de un minuto, está viva, puede haber dos o más personas agrupadas en esta única figura (madre y esposa, por ejemplo).

Personas de características opuestas
Hacen referencia a dos puntos de vista que están en conflicto sobre un problema determinado. Este tipo de sueños es frecuente en niños a los

que, en un cierto sentido, se les riñe y se les sermonea continuamente para que aprendan las normas de convivencia. Soñar con una persona que tiene sentido práctico y con otra que no toca con los pies en el suelo expresa las ideas contradictorias del niño que tienen que ver con su lado eficiente y práctico, que se opone a su parte idealista y poética. Este mismo método puede aplicarse a sueños cuyos protagonistas son una persona ordenada y otra descuidada; una honesta e intransigente con ella misma y otra corrompida y viciosa; una culta, reflexiva y juiciosa y otra llena de prejuicios y dogmatismo.

Tipos de personas

Antepasados (incluidos los abuelos)

Expresan ansiedad en relación con los orígenes, el entorno y los imperativos de la infancia y la conciencia. Los antepasados, además, son los depositarios de las buenas maneras, de la conducta correcta y de los valores morales y religiosos. También pueden representar a los padres de una manera indirecta, si el sueño trata de afectos y rivalidades que podrían resultar desconcertantes para el niño.

Actor

Es una personalidad artificiosa, que hace alusión a un comportamiento similar del niño.

Autoridad (juez, maestro, policía)

Expresa el concepto que el niño tiene de la autoridad, muy influenciado por la relación que mantiene con su padre. En la infancia, las formas de expresión de la autoridad son los padres, los maestros y casi todos los adultos. Cuando son pequeños, los niños son más dóciles a las enseñanzas y sienten menos aversión por las figuras autoritarias. Luego, a medida que crecen, necesitan afirmar su individualidad, y para ello a veces intentan modificar las disposiciones dictadas y pactar con la autoridad, con lo cual aprenden a relacionarse con ella. La capacidad de relacionarse se basa en gran medida en las primeras experiencias. Por tanto, es inevitable que la manera de relacionarse con la autoridad refleje la relación con los padres. Si padre y madre son claros y decididos, pero maleables, el niño confía en su capacidad de alcanzar acuerdos y, al mismo tiempo, aprende y respeta las reglas. En cambio, si los padres son intransigentes e imponen sus ideas de una forma que puede parecer egoísta, la autoridad puede ser considerada desleal y poco digna de ser respetada, hasta el punto de ser rechazada incluso cuando parece justa. Los sueños recurrentes que tienen que ver con cualquier forma de autoridad pueden dirigir la atención del niño a la conciencia interior, a la autoridad de Dios, a la responsabilidad de tomar una decisión.

Juez

Representa a alguien cuya opinión preocupa al niño; puede tratarse del padre, un maestro, su propia conciencia o Dios.

La persona que sueña

Los sueños proporcionan infinidad de informaciones claras y precisas sobre lo que la persona que sueña piensa en realidad de sí misma, pero no sobre lo que es realmente. Sin embargo, lo que las personas piensan de ellas mismas tiene mucha influencia en sus vidas.

Emperador, emperatriz

Simbolizan a los padres o a otras personas muy importantes para el niño. El niño que sueña que asesina al emperador quizá está afirmando su independencia del padre (véase *Familia*).

Enfermera

Simboliza a una persona que presta atención a las exigencias del niño, o también a su hermana.

Carnicero

Es un símbolo de agresión y de sacrificio.

Madre, padre, hermano de otra persona

Simboliza a uno de los padres, o bien a una persona cercana a quien sueña.

Personajes públicos

Los personajes públicos no son nunca suficientemente significativos como para aparecer en los sueños, a menos que estén relacionados de alguna manera con las preocupaciones de la persona que sueña. Varias figuras aparecen como personificaciones vivas y concretas de las fuerzas que actúan interiormente: las más importantes son los arquetipos. La persona que está soñando atribuye a otras figuras tendencias que, en realidad, son suyas, para aceptarlas más fácilmente o para valorar con más objetividad la situación. Es un mecanismo para rechazar la parte inaceptable de su personalidad. Por ejemplo, puede atribuir su tendencia hipócrita a un personaje ficticio, y así dejarlo libre para contemplarlo con disgusto.

Ministros del culto (Papa, obispos)

Representan el yo en el aspecto del Viejo Sabio. En el sueño de una chica, simbolizan el animus, como figura del padre o del chico de quien está enamorada.

Vendedor, mercader

Representan un hombre con la balanza (de la justicia) y hacen alusión a la conciencia.

Recién nacido

Simboliza el nacimiento de nuevos potenciales interiores y es un sueño que también se relaciona con el nacimiento que está a punto de suceder o acaba de producirse de un hermano o un primo. Soñar que se «ofrece» un bebé a alguien significa eludir responsabilidades, descargarlas en otra persona, y expresa sentimientos opuestos acerca del recién llegado a la familia (amor y celos).

Sombra, persona que quien sueña desprecia en el sueño, persona considerada inferior

Cada ego tiene su sombra complementaria. Por ejemplo, quien está orgulloso de su modestia y discreción puede tener una sombra indolente y vulgarmente charlatana. Si este lado inferior permanece completamente ignorado, no se supera. Es más, se mantiene confinado en la mente y alimentará sentimientos de inferioridad típicos de la infancia, que corren el peligro de consolidarse en la edad adulta. Este personaje puede aparecer en los sueños cuando llega el momento en que el niño debe afrontar situaciones que ponen a prueba sus capacidades y sus límites. En estas situaciones conviene ayudarlo a superar el complejo de inferioridad, ya que si por el contrario queda oculto en el fondo de la mente puede minar su seguridad personal, precisamente en sus intervenciones en público.

Personas importantes

Representan a los padres o a otra persona que tiene la misma importancia. En los sueños, cualquier valoración tiene un carácter totalmente subjetivo. Personas como el presidente, el rey o la reina pueden sustituir perfectamente a los padres, para poner de relieve su valor. Así el niño evita referirse a los padres de manera demasiado directa, quizá porque algunos detalles del sueño hacen que su presencia resulte desconcertante.

Pirata

Es el ladrón de los mares y, puesto que el mar es una referencia a la esencia del inconsciente, esta figura representa todas las fuerzas que pueden hacerlo peligrar.

Religiosa (monja)

Representa a la hermana de la persona que sueña, alguien que ha sido llamado por Dios y es respetado por los demás, y expresa la idea del distanciamiento del mundo terrenal y de la pureza.

Desconocida

Representa a una amiga imaginaria o una heroína, o también a una niña o una chica atractiva que la persona que sueña conoce poco; asimismo puede representar a una maestra, una cantante famosa, una actriz, una mujer llena de encanto o una persona sin nombre que se parece a una figura familiar.

Desconocido

Puede adoptar cualquier semblante: desde un imaginario adolescente hasta una persona a quien la persona que sueña admira mucho en la vida real. Aunque también puede representar a un héroe o al equivalente masculino de todos los aspectos de la «desconocida».

Servidores

Representan a los siervos de Dios, es decir, sacerdotes, ministros del culto y todo aquello que el niño relaciona en caso de servidumbre masculina, o bien mujeres que ayudan en la vida cotidiana y de quienes aprende la capacidad de organización en caso de servidumbre femenina (el servicio doméstico).

Sumo Sacerdote, astrólogo o cualquier otra figura ligada al saber esotérico
Simbolizan al Viejo Sabio.

Tres personas (quien sueña más un hombre y una mujer)
Es un sueño referido al amor por uno de los progenitores y a los celos, a la rivalidad con el otro. Refleja la etapa, que se enmarca entre los tres y los cinco años, en la que el niño reconoce su propio sexo y la división entre los sexos, lo cual dibuja su identidad.

Coincide con el periodo en el cual, según Freud, se manifiesta el complejo de Edipo. En él, las niñas se identifican con la madre y se enamoran del padre, mientras que los niños se enamoran de la madre y sienten impulsos instintivos y fantasiosos de eliminación de la figura paterna.

Pesadilla

La pesadilla es la expresión de un conflicto psicológico intenso, que probablemente gira alrededor de un deseo reprimido. Cuanto menos reconocido sea dicho deseo, más grande será el miedo que lo acompaña. Y es precisamente este miedo lo que transforma un sueño en pesadilla, que también puede indicar la causa y la naturaleza del terror. Algunas pesadillas de la primera infancia podrían tener un referente en la experiencia del nacimiento, sobre todo si hay detalles que puedan enlazarse con los del verdadero nacimiento.

Pesar, pesos

Tanto el gesto como los objetos hacen alusión a las balanzas de la justicia y a la conciencia. Son argumentos de peso, es decir, tienen valor para el niño y, además, pueden aparecer en el sueño como cosas pesadas.

Pescar

Se refiere al hecho de conservar la conciencia anclada firmemente a las realidades tangibles, aunque intentando capturar los tesoros del inconsciente. Un pez grande, por ejemplo, puede ser arrastrado hasta la tierra firme, pero si es demasiado grande el pescador corre el riesgo de convertirse en víctima de su presa.

Piedras

Ser apedreado
Guarda relación con el hecho de ser castigado a la lapidación. Puede ocurrir que el sentimiento de culpa por una travesura, especialmente si no ha sido confesada, sea tan intenso que se traduzca en un autocastigo en el sueño.

Objetos vivos que se transforman en piedras, que se quedan petrificados
Se refieren a una experiencia positiva que se convierte en recuerdo y no consigue suscitar los sentimientos y las sensaciones que están ligados a ella. Esto genera una reacción de desánimo y depresión. Puede suceder en los típicos periodo de cambio, cuando el equilibrio psicofísico casi estable se hace más precario a causa de la evolución hacia una posterior etapa de crecimiento.

Personas o ciudades petrificadas
Simbolizan aridez del corazón, esterilidad afectiva por parte del niño. El pequeño no logra relacionarse con los demás, que le parecen impasibles, insensibles a su condición, carentes de vida y de calor, y lo acogen con un silencio pétreo. Para ayudarlo, es preciso concentrarse en el lado afectivo y en su capacidad de expresar los sentimientos.

Piedras preciosas
Representan el yo muy fuerte, como si fuera indestructible.

Rocas
Son símbolos de la Tierra y de la madre.

Plantas

Son un símbolo de crecimiento y de desarrollo interior. Soñar que tienen las raíces descuidadas es signo de escaso flujo afectivo.

Playa, orilla

Es un lugar de alegría y juego, ligado a las vacaciones y a momentos de bienestar, lejos del cansancio de la vida escolar; un lugar que estimula la actividad física y el movimiento corporal, y también momentos de relax total.

Si se sueña después de haber viajado por mar, puede interpretarse como una meta o lugar de llegada en el que acaban las fatigas y las dificultades.

Pluma

Hace referencia a la escritura, a los exámenes en el colegio o a la correspondencia con amigos.

Por su forma alargada, también puede representar el órgano sexual masculino.

Policía
(agentes, guardianes, vigilantes)

Simboliza el control, la ley y el orden, tanto los de la realidad como los de la conciencia. Se remite al autocontrol o a una autoridad como la del padre o la de alguien que intenta imponer una moral convencional, principios religiosos estandarizados, etc. y, por consiguiente, a las inhibiciones. También se refiere a la conciencia, que puede controlar u obstaculizar el resto de la personalidad.

Hacerse pasar por policía
Se refiere al intento de obtener un reconocimiento oficial para favorecer los instintos personales.

Pedir ayuda a la policía
Simboliza una llamada hecha a la conciencia para protegerse de los propios instintos.

Policía contra criminales
Simboliza la conciencia contra los instintos rebeldes.

Posición

Tiene que ver con el punto de vista moral de la persona que sueña, con su posición en la vida.

Cambiar algo de posición
Entendido como el movimiento para ponerse en la posición opuesta y, en general, para colocar delante los objetos que están detrás o reordenarlos, simboliza otro punto de vista, que puede ser totalmente opuesto o simplemente diferente.

Centro
(de una ciudad, de un campo, del mundo)
Simboliza el objetivo, el propósito, el punto de mira, como si fuera una diana. Quizá la persona que sueña se está concentrando, está encontrando su verdadero centro, que de hecho es el yo.

Derecha/izquierda
Simbolizan lo justo y lo injusto, el bien y el mal.

Derecha e izquierda pueden estar representadas por los dos lados del cuerpo de una persona o de un animal, por dos caminos o calles que van a la izquierda o a la derecha, por un objeto de la izquierda que contrasta con uno de la derecha, o, finalmente, por un lado del objeto como, por ejemplo, el cañón izquierdo de un fusil.

Delante/detrás
Simbolizan el descubrimiento de cosas que no son muy evidentes, así como el hecho de aprender las cosas con más objetividad.

Hacia atrás/hacia adelante
Hacen alusión a una tendencia regresiva hacia una etapa evolutiva ya pasada. También pueden simbolizar el abandono de un compromiso, porque se considera demasiado exigente, o el inicio de un proyecto con la convicción de que será útil en el futuro o que incluso podrá ser mejorado.

Lado derecho
Se refiere al comportamiento moral y correcto, a los principios aceptados por la sociedad y, en algunos casos, a la extroversión.

Representa el principio masculino consciente activo.

Lado izquierdo
Simboliza lo funesto, lo inexacto, lo instintivo, todo lo que es vicioso e inmoral (tendencias criminales, perversión). También representa el principio femenino pasivo y, tal vez, la intuición.

Lejos/cerca
Hacen referencia al tiempo. Soñar con algo en la lejanía, una carretera o un largo camino, simboliza algo que está lejos en el tiempo, que pertenece al pasado. Soñar con algo próximo se refiere a algo cercano al corazón de quien sueña.

Movimiento hacia la derecha
Es la dirección en la que se mueve el Sol, y, por tanto, evoca algo que toma conciencia. Normalmente los sueños indican las ventajas de la derecha, pero en el caso de una persona muy escrupulosa, justa o excesivamente idealista, pueden señalar un elemento que se encuentra en la izquierda, que ha sido descuidado y que ahora requiere la atención de la persona que sueña.

Algo en una posición equivocada
Simboliza el tomarse las cosas equivocadamente.

Opuesto (enfrente, delante)
Simboliza aquello que se opone, es decir, un conflicto con la persona o con lo que está enfrente. Soñar que un objeto está situado delante de otro hace alusión a una opinión contraria; el significado del objeto puede indicar diversidad de opiniones.

Puntos cardinales (los cuartos de una brújula)
Simbolizan las cuatro facultades de la mente: el pensamiento o intelecto, la emoción o sentimiento, la intuición y la sensación.

Este
Punto por donde sale el Sol y simboliza el nacimiento, la vida terrestre consciente.

Norte
Simboliza la oscuridad, lo desconocido; además, es el punto cardinal más idóneo para estar asociado al espíritu.

Oeste
El Sol se pone por el oeste. Simboliza la muerte o el estado después de la muerte, e implica una orientación espiritual. Hace referencia también al nacimiento (después de la puesta de sol, viene siempre el alba).

Sur
Alude al calor terrestre y a la pasión.

Encima/debajo (superior/inferior, arriba/abajo)
Todo lo que es más alto, que está encima (por ejemplo, la parte superior de una casa, o del cuerpo, o el cielo), hace alusión al espíritu y a la inteligencia de la persona que sueña; todo lo que en ella tiende hacia arriba se refiere a la conciencia, a sus ideales, al altruismo. Todo lo que está debajo, la parte inferior de algo, o la tierra, simboliza la impulsividad, la parte instintiva natural, lo antisocial, inmoral y confuso, aunque todo el mundo puede alcanzar un crecimiento significativo, si reconoce en su propio carácter todo lo inferior y corrompido.

Poner lo de arriba abajo
Simboliza un trastorno o un cambio. Poner las cosas patas arriba puede indicar una necesidad de encontrar todo lo que se está buscando para conseguir un objetivo, que quizá es una transformación.

Príncipe, princesa

Simbolizan al niño y a su hermana (el rey y la reina a menudo representan a los padres). Si el niño no acepta que el sueño pertenece a su propio universo, en el cual la persona que sueña es muy importante para él (hecho que le permite, precisamente, reconocer y respetar a los demás), y si esta realidad interior se confunde con el mundo exterior, puede llegar a la megalomanía, a delirios de grandeza.

Prisión

Hace referencia al hecho de estar reprimido. Soñar con una prisión puede indicar que una parte de la personalidad limita a la otra, o que la conciencia acalla el inconsciente. Las restricciones también pueden estar impuestas por la ética, por la conciencia, y entonces quien sueña puede castigarse a sí mismo porque ha transgredido su código moral o expresar el deseo inconsciente de que sus impulsos estén bajo control.

Director de la prisión, carcelero, guardián
Simbolizan la conciencia.

Guardián que acaba encarcelado en su propia prisión
Recuerda que el peligro que se corre intentando limitar la libertad de los demás es ponerse límites y restricciones a uno mismo.

Las opiniones predominantes en la sociedad hacen que el individuo se sienta limitado, arrinconado, oprimido. Por ejemplo, un niño que es encarcelado probablemente se siente «culpable» a raíz de un fracaso escolar que ha tenido, ya que él cree que la sociedad no lo va a aceptar así.

Profundidad

Simboliza el mundo interior profundo.

Aguas o cavernas profundas
Hacen alusión a los más íntimos y lejanos meandros de la mente, en donde puede haber algo reprimido.

Profundidades inexploradas
Simbolizan la atracción por el otro sexo.

Puente

Simboliza un momento de transición, por ejemplo el paso de párvulos al ciclo elemental o el fin de las vacaciones transcurridas con los abuelos y el inicio de las que se pasarán con los padres. Es también una vía transversal que usa la conciencia, en oposición a una vía que atraviesa el inconsciente, que podría estar representada por un túnel. El puente es símbolo de unión, de vínculo.

Reclusión (confinamiento)

Soñar que se está encerrado hace referencia a las barreras existentes entre la persona que sueña y el mundo externo. El sueño puede remontarse a la experiencia originaria del nacimiento, al abandono de un espacio limitado y de una existencia protegida para afrontar la vida. Pero también puede referirse a la situación presente, expresando la necesidad de identificar algo que resulta opresivo, algo que debe ser liberado a un espacio más amplio y los obstáculos que ahogan y aprisionan (por ejemplo, un padre opresor o una situación escolar muy tensa). Las imágenes del sueño se convierten en la pista a partir de la cual se puede aclarar qué es lo que debe ser reformulado en la vida, ya que lo que inicialmente era una protección útil y ventajosa acaba siendo una trampa terrible si no existe ninguna posibilidad de salir de ella. En algunos casos, las defensas contra el mundo externo pueden ser tan fuertes e inexpugnables que acaban vaciando de contenido afectivo la vida interior del niño. Lo que parece firme, estable y equilibrado en realidad hierve en la intimidad y causa introversión. En consecuencia, el niño necesitaría más contactos con el mundo exterior.

Abrir una puerta con dificultad
Este sueño, así como un simple desplazamiento de la acción de un lugar cerrado hacia el mundo externo —en los sueños siguientes—, indica una mejora apreciable de la situación de la persona que sueña.

Figuras encerradas en una esfera de cristal, en una burbuja, en un contenedor transparente
Simbolizan un aspecto de la persona que sueña que pide ser realizado, salir a la luz.

Reina

La reina, no sólo mítica y legendaria, sino también la que reina en la actualidad o reinó en un periodo histórico, simboliza a la madre.

Religión

La espiritualidad se manifiesta en la mente por su existencia y necesidad: representa una forma de actividad psíquica que predispone a creer en fuerzas superiores a las físicas y psicológicas. El niño aprende a conocer la dimensión espiritual a través de los padres y de la práctica religiosa.

Puede ocurrir que sueños aparentemente religiosos no guarden relación alguna con la religión. Además, las experiencias religiosas pueden expresarse a través de formas paganas o míticas, o asumir cualquier otra forma que resulte más idónea para que quede grabada en el niño.

Ángel
Los ángeles son símbolos de libertad, del ser puro. Representan lo sobrenatural, el distanciamiento del mundo y la indiferencia ante las realizaciones terrenas.

Ángel admonitor
Simboliza lo que la persona que sueña debería evitar, el camino que no debe seguir (véase también *Volar*).

Ángeles en las tinieblas, ángeles caídos
Son símbolos de miedos recónditos.

Diablo, infierno
Simboliza el inconsciente reprimido o la vía instintiva, el abismo de la disolución de las pasiones. Y también la sombra o el Mago Negro o el padre, que el niño a veces considera un rival en su afecto por la madre. Este sueño es igualmente un modo de representar un momento de miedo.

Dios
Cuando la imagen de Dios aparece en los sueños puede indicar la necesidad del niño de realizar lo más ampliamente posible su potencial interno, para vivir y sufrir la experiencia más profunda y potente, que el hombre ha denominado «Dios». Este encuentro entre lo humano y lo divino, mediante símbolos que van más allá de su propio significado, pone a prueba el ego, para establecer un equilibrio entre exigencias materiales y espirituales.

Jesucristo

Simboliza al hombre perfecto, a través del cual la persona que sueña puede descubrir al inmortal que hay en él. Es la reconciliación entre Dios y el hombre, entre el padre y el hijo, entre las exigencias terrenales y las divinas.

Si aparece representado como aquel que ha sufrido, se refiere a la redención a través del sufrimiento: el ego exigente y egoísta se entrega voluntariamente al sacrificio, muere y resucita como yo libre del individuo. El sueño puede indicar, además, que el niño niega, o descuida, integrar este ideal en su vida.

Fantasmas, espíritus

Simbolizan las fuerzas interiores autónomas, independientes de la voluntad; a menudo, el alma o el animus.

Virgen María

Simboliza a la Maga Mater, la Madre Tierra, e igualmente a la sede de la sabiduría. La Virgen representa la materia misma, transformada a través de los muchos estadios de la vida, las numerosas fases de la evolución (de generación en generación), para el encuentro con el Espíritu.

Reloj

(cronómetro, carillón, de estación de tren, de campanario)

Simboliza el ritmo natural y constante, el sonido del cuerpo, es decir, el corazón, y por ende las emociones, afectivas y sentimentales. Por consiguiente, simboliza el amor en sus manifestaciones más espontáneas y naturales, la exaltación, la modificación del ritmo cardiaco por emoción y enamoramiento.

Reptar

Sugiere la primera forma de movimiento del niño, cuando todavía debe aprender a gatear y a caminar. Es, por tanto, una regresión a la primera etapa infantil. Si se refiere a otra persona, simboliza el intento de degradarla.

Rey

Simboliza al padre, autoritario, digno de respeto, importante. También es una idea dominante, un principio que dirige o gobierna, o bien lo que el niño considera majestuoso, grandioso en sí mismo o en los demás.

Rigidez

Soñar que se tiene el cuerpo rígido hace referencia a actitudes interiores inflexibles, quizá para compensar una insuficiente constancia o perseverancia en la vida cotidiana. También expresa susto o miedo.

Río

Con su recorrido nunca lineal, sino con meandros, estrechamientos y ensanchamientos, evoca el camino de la vida, sembrada de retos, progresos y obstáculos. Si el niño se encuentra en la orilla, el sueño representa su sensación de sentirse olvidado por la vida, como si los acontecimientos le pasaran por delante y él se quedara al margen, incapaz de sumarse a la corriente, de ser parte activa para alcanzar el éxito; es como si le atrajera algo de la orilla opuesta, pero las aguas oscuras lo mantuvieran separado del objeto de su deseo.

Romper

Romper porcelana, cerámica, cristal
Simboliza la ruptura de algo frágil en la vida de la persona que sueña —ideales infringidos, pérdida de fe— y muchas veces es el fruto de una falta de equilibrio (la costumbre de romper un vaso o un plato en las bodas surge precisamente para alejar este peligro).

Romper un bastón o un cetro
Simboliza un cambio radical, por ejemplo el traslado a otra ciudad, que comporta tener que cambiar de casa, de colegio, de amigos, de club deportivo. También puede representar el paso de la etapa infantil a la adolescente, en la que las características físicas cambian notablemente

y se alcanza la madurez sexual (simbolizada por el bastón). Alude igualmente al hecho de romper con las costumbres que hasta entonces eran válidas (romper con el pasado).

Ropa

Simboliza la apariencia del niño, su modo de actuar, sus comportamientos, su papel en el mundo, los pensamientos y los sentimientos que se esperan de él, más que los que son realmente suyos. Y dado que la apariencia sirve para impedir ser tocado demasiado de cerca, esta representa también una protección ante el verdadero yo y los verdaderos sentimientos. El sueño puede revelar un conflicto entre las necesidades profundas del niño y lo que el mundo quiere de él.

Cambiarse de ropa
Simboliza el intento de cambiarse a sí mismo exteriormente, mediante comportamientos que pueden estar copiados de otra persona.

Llevar pantalones cortos
Expresa el deseo regresivo del niño de volver a ser más pequeño, más protegido y amado.

Rueda

Representa el principio dinámico del movimiento, así como la rueda de la fortuna o el yo, el ser interior en su integridad (véase *Formas o símbolos geométricos, Círculo*).

Sábana

Simboliza la búsqueda de calor y protección, pero también la necesidad de esconder u ocultar algo, o a alguien, considerado molesto o que entorpece el desarrollo de tareas y encargos que requieren un esfuerzo máximo.

Sacrificio

En el sueño puede aparecer un altar sacrificatorio. O bien puede tratarse simplemente de matar y cocer un animal de manera ritual. El sueño podría representar el sacrificio de los propios instintos, de la libertad de acción, a favor de la adquisición de comportamientos cívicos y sociales; todo ello, sin embargo, exige renuncias y parece favorecer a los padres, más que al niño. Hay que ayudarle, pues, a entender que lo que se le enseña y se le exige es por su bien.

De cualquier animal
Debería referirse principalmente a los adolescentes. Expresa conflicto entre los deseos sexuales emergentes y las pautas educativas y religiosas asumidas, que invitan a la prudencia y la espera.

De una liebre
Tiene casi el mismo significado que el sacrificio del cordero para los cristianos y está especialmente asociado a la Pascua y la resurrección. Indica que una renuncia puede comportar grandes ventajas e innovaciones positivas. Es como si una nueva situación se abriera en el horizonte, con todas las características positivas de lo nuevo: buena energía, fertilidad y buenos auspicios. La idea se refuerza si en el sueño aparece el color blanco (platos o recipientes blancos, la luna, la nieve). Aunque la liebre esté ya muerta y cocinada en la cazuela, puede conservar igualmente el significado de sacrificio.

Sal

Simboliza la esencia, el ser interior esencial, el alma, lo inalterable, lo incorruptible, lo eterno (de hecho, algunos alimentos se conservan en salmuera).

Se relaciona, además, con la gran intuición y la sabiduría espiritual que provienen de la posibilidad de ver las cosas en la luz de la eternidad (véase también *Colores, Blanco*).

Salvar, ayudar, prestar auxilio

Se trata de acciones que aluden al establecimiento de un contacto en un momento de emergencia, a la creación de un vínculo en el cual la parte salvada se siente en deuda con su salvador.

Es como experimentar el deseo de centrar la atención en la persona que debe ser salvada.

Salvar a la chica del dragón
Simboliza el hecho de arrebatar a la madre de las garras del padre para tenerla toda consigo (deseo que aparece en la infancia).

Salvar la situación de modo que tenga alguna referencia a la ambición o al poder
Los intentos de prestar ayuda pueden ser solamente un camuflaje para absolver a quien sueña de la culpa de haber puesto a los otros personajes del sueño en una situación peligrosa.

A veces a los niños les gusta jugar de manera aventurada y cuando están en grupo es posible que el entusiasmo no les deje sopesar debidamente los peligros, implicando a sus compañeros en situaciones poco recomendables.

Sentidos

Se refieren a las cuatro funciones, o cualidades, de la mente: la vista simboliza el pensamiento, el intelecto; el olfato, la intuición; el oído, la emoción, el sentimiento; y el gusto y el tacto, la sensación.

Sepultado vivo

Hace alusión a la experiencia del nacimiento, que ha quedado grabada en el inconsciente (véase *Nacimiento*). Y también a una relación difícil con la madre, que el niño vive como sofocante y poco productiva (véase *Familia*).

Dificultades respiratorias
El sueño puede aludir a alguna enfermedad.

Sexo

Durante el estado de vigilia, las normas de comportamiento no permiten expresar libremente los impulsos, la curiosidad y los deseos relativos a la esfera sexual. Los sueños proporcionan un espacio más amplio para el tema y dan voz a situaciones que podrían ser censuradas. La sexualidad en el sueño es el símbolo más claro y evidente de amor profundo, del alma y del cuerpo.

Los sueños se expresan en gran parte mediante imágenes, usadas en este caso para representar un deseo vivo de intimidad y unión con otra persona, o bien para indicar el anhelo de estar unido (en uno) a todo lo que rodea al ego. Además, la sexualidad, ya de por sí rica en significados, introduce en los misterios del amor, de la procreación y de la energía divina.

Beso

Es símbolo de calor, afecto y nutrición, y se refiere a la sensualidad de los labios y a las emociones del placer y el bienestar, que establecen un contacto y un consenso de intercambio de afecto.

Bisexualidad

El adolescente que sueña se identifica, con mucha frecuencia y muy fácilmente, con el mismo sexo, en concreto refiriéndose al padre o la madre, y no es hasta más tarde que se siente atraído por el sexo opuesto. Si esto no ocurre, puede indicar una escisión interna y un conflicto entre los potenciales masculino y femenino de la personalidad, o también que el animus y el alma reclaman la atención del individuo.

Coito

Se refiere al caluroso abrazo físico: expresa un deseo de amor y un deseo sexual. Está ligado también a impulsos sexuales que se descargan durante la noche. Los adolescentes no sólo cambian físicamente, sino que el desarrollo psiconeuroendocrino les provoca cambios hormonales que inducen un aumento notable de los impulsos y de la agresividad, y el ejercicio de control de tales impulsos, aconsejado por padres y profesores, crea a menudo dificultades de comunicación. Los adolescentes se ven involucrados muchas veces en verdaderos conflictos entre el deseo de satisfacción sexual y la exigencia educativa y moral de controlarse. Los sueños suponen una válvula de expansión tensional natural en donde se puede representar sin límites la satisfacción de los impulsos sexuales.

Hacer el amor totalmente vestido
Indica temor a soltarse, a liberarse de las protecciones del cuerpo, miedo a ser vulnerable, a mostrarse sin defensas ante el ser amado.

Jugar con el propio miembro sexual
Los niños sienten una gran curiosidad por su propio cuerpo. Concretamente les atrae el órgano sexual y por eso durante la operación de cambiar el pañal a menudo intentan conocerlo mejor con la mano. Más tarde, cuando aprenden a controlar los esfínteres, dicha atracción va en aumento. Esta etapa coincide con el aprendizaje de la identidad sexual, tanto en los niños como en las niñas. Es inevitable que los niños se toquen y se miren. Sin embargo, a veces se les riñe, quizá porque lo hacen sin tener en cuenta el lugar en donde se encuentran (en público o en el baño). Es probable que en los sueños tengan más libertad para explorar, superando así las primeras inhibiciones.

Silencio

Expresa la necesidad de apartarse de las influencias externas. Es un momento de realización personal y de equilibrio. Puede aludir a un periodo de vacaciones en alta montaña o en cualquier otro lugar en donde se haya establecido mucho contacto con la naturaleza.

Sol

Es símbolo de la masculinidad y de lo paterno, y algunas veces representa el deseo de un mejor entendimiento con el padre, la necesidad de recibir atenciones por su parte.
    También simboliza la luz de la conciencia y del conocimiento, el intelecto, el pensamiento, la inteligencia activa.

Sol ardiente
Indica un exceso de intelectualidad, que vuelve el carácter seco y árido, igual que el sol que quema el desierto. El equilibrio se res-

tablecerá con una concentración mayor en el inconsciente y en las emociones.

En los países de clima cálido, en donde el sol representa una verdadera calamidad, el sol ardiente es un símbolo más patente de dicha amenaza. En los países de clima templado, en cambio, significa casi siempre energía creadora, fertilidad.

Soldado

Simboliza al héroe.

Disciplina militar
Simboliza cualquier forma de constricción impuesta en la vida, o también coerción interior.

Soldado herido
Indica que la voluntad y las iniciativas de la persona que sueña están amenazadas.

Jugar con soldaditos
Representa el intento de ordenar los pensamientos, que a veces resultan obsesivos y repetitivos.

Sotobosque

Zarzas, matorrales, árboles y follaje pueden aparecer en el sueño en el momento de la pubertad y deben relacionarse con el crecimiento del pelo en el cuerpo.

Subir

Hace referencia a un crecimiento, físico o intelectual. Puede referirse a un progreso, como por ejemplo cambiar de curso en el colegio. O también, en el contexto deportivo, pasar a una categoría superior. En el caso de los chicos, puede referirse al desarrollo sexual, a las primeras erecciones.

Subir y bajar en ascensor
Simbolizan los primeros contactos sexuales, temidos y vividos con poca serenidad, con un comportamiento un poco mecánico.

Suceso

Simboliza el intento de compensar el miedo a un fracaso, por ejemplo al ser preguntado por el profesor o antes de un examen. Saborear el éxito antes de tiempo es una manera de contener la ansiedad generada por la espera de la resolución de una situación que conlleva un fuerte componente emotivo.

Sueño en el sueño

Indica que la persona que está soñando intenta convencerse a sí misma de que algo desagradable es solamente un sueño, algo que, de no ser así, podría parecer demasiado real y lleno de significado, y por esta razón es reducido a una fantasía. Es un modo de alejar aquello que la mente está intentando comunicar, indirectamente o por medio de una alusión.

Suspendido

Soñar que se está suspendido expresa un ansia sutil de expectación ante el resultado de posibles novedades, ante fechas o decisiones que deben ser tomadas y que tienen por objeto a la persona que sueña.

Tela

Simboliza el tejido, la trama, la urdimbre de la vida; los dibujos y los colores de la tela pueden expresar la naturaleza de un conflicto (véase *Colores*). Dada su utilidad para cubrir o embellecer, la tela se asocia al hecho de querer mejorar la situación que aparece en el sueño, que debe relacionarse con un momento de la realidad.

Telefonear

Hace referencia a ponerse en contacto con alguien a quien la persona que sueña considera importante.

Enviar mensajes por el móvil
Significa querer solucionar con frases escritas algunas dificultades que la comunicación puede poner de manifiesto.

Temporal

Simboliza un estallido de emoción, de deseo o de los instintos. También está ligado a un estado de agitación psicológica que tiene lugar durante la noche y que puede presentarse en el sueño en forma, precisamente, de imágenes de temporales.

Tesoro

A través de cuentos, películas o narraciones, el tesoro siempre es un objetivo valioso a alcanzar, superando procesos plagados de dificultades y viviendo aventuras espectaculares. El símbolo del tesoro puede ser utilizado en el sueño para indicar las necesidades afectivas que se quieren alcanzar o descubrir.

Tiempo

Los sueños tienen raramente una conexión cronológica, ya que el encadenamiento entre uno y otro viene dado por situaciones emocionales. Sin embargo, hay tendencias interpretativas temporales que están relacionadas con hechos que han de suceder: no son revelaciones del futuro, sino anticipaciones temporales.

Transportado

En la etapa de la vida que precede al caminar el niño es transportado y, por tanto, si sueña que le llevan puede referirse a un impulso regresivo, al deseo de hacer el mínimo esfuerzo posible, y quizá también a una inmersión en el placer autoerótico (para los adolescentes). En cualquier caso, indica que el niño deja a los demás la tarea de que le muevan, en lugar de esforzarse en hacerlo, simple y justa aceptación de las circunstancias que están más allá de la posibilidad de un control por parte del individuo.

Trepar

Es una acción que alude al esfuerzo por lograr el éxito, por ser el mejor, para vencer a otra persona con quien se compite. Deben analizarse la ambición y el idealismo del niño que sueña, intentando determinar las dimensiones reales y concretas en las que está inmerso y de las que intenta salir, entrando en un conflicto relacional. También debe analizarse el comportamiento escolar y las exigencias de los profesores.

Túnel

Simboliza un camino que atraviesa el inconsciente, el camino de salida desde el útero de la madre. También puede significar sentirse obligado en caso de opciones impuestas por la familia o en el colegio. Además, siempre es un símbolo de depresión del estado anímico.

Valla, cercado, barrera

En tanto que estructuras construidas por el hombre e impuestas a la naturaleza salvaje, representan las inhibiciones y el autocontrol, sobre todo si encierran a animales salvajes (véase *Obstáculos*).

Veneno

La persona que sueña puede haber imaginado que envenena a alguien para solucionar un problema. Hay que especificar que a menudo, tanto en los sueños como en la realidad, el antídoto de un veneno es el mismo veneno. Esto implica que quien envenena también puede salvar. No es raro que en la infancia se lleven al extremo las fantasías de eliminación de los padres, ya que si bien representan el lado afectivo, también son los primeros que platean negativas, ponen límites, como lo hacen más tarde los profesores o los adultos de referencia. De hecho, los niños no tienen demasiadas inhibiciones morales y, por consiguiente, las soluciones extremas a veces parecen las únicas posibles.

Verdura

Es un alimento importante desde el punto de vista nutritivo. Está ligado al elemento tierra, a las sales minerales y a las vitaminas, todas ellas sustancias muy valiosas para la salud. Puede que el niño sueñe con las verduras que no le gustan, y que por tanto come por obligación, para representar una situación poco agradable que le gustaría evitar.

Verja

Simboliza la entrada del camino que puede llevar a los misterios del inconsciente, de la mente más antigua y todavía desconocida, capaz de revelar los misterios más profundos del alma. Es un umbral, un pasaje, un paso obligado que podemos franquear nosotros solos, o que, por el contrario, requiere la intervención de un gobernante que permita pasar al otro lado, a un nuevo horizonte todavía desconocido.

Viaje

Está relacionado con la idea de moverse, de ir de un lugar a otro. Antiguamente el viaje era conocimiento, cultura de relación y de encuentro con otras gentes de costumbres diferentes. Soñar que se viaja es la antesala de un camino, de un trayecto que en la realidad el niño deberá emprender (iniciar una actividad deportiva, un viaje con el colegio o con la familia). Además, el viaje siempre es sinónimo de cambio evolutivo.

Viento

Representa el soplo de la vida, el ritmo respiratorio, el movimiento de las nubes, el cielo y la libertad de acción. A veces se sueña con el viento como fuerza externa natural que se puede contraponer a los objetivos deseados o perseguidos.

Otras veces, en el sueño el viento a favor empuja al protagonista, lo cual indica que es la hora de ponerse en marcha y actuar para alcanzar un objetivo determinado.

Volar

El sueño del hombre es volar, vencer la fuerza de la gravedad que lo mantiene anclado a la tierra. Soñar que se vuela hace referencia a la separación de la madre y de la familia, al enamoramiento, a la evasión de la vida cotidiana. El avión es la prolongación del cuerpo que permite volar, alcanzar otro estado del ser; en los sueños de los adolescentes guarda relación con las primeras manifestaciones de actividad sexual.

Voz

Voz autoritaria
Aunque la persona que sueña no pueda ver a quién está hablando, simboliza la autoridad vivida en los procesos educativos, que se manifiesta a través de órdenes o consejos.

Voz serena
Si la voz es femenina, recuerda la calma y el afecto de una madre; si no lo es, puede ser la sutil voz de la conciencia.

Zodiaco

Significa el círculo de la vida de los animales celestes. El Zodiaco es una representación antigua del cielo y las estrellas, en el que se dibujan los trayectos aparentes del Sol, de los planetas y de la Luna, delimitados por dos líneas paralelas a la eclíptica que contiene las doce constelaciones. La primera, la constelación de Aries, empieza coincidiendo con el inicio de la primavera, y la última, la de Piscis, coincide con el final del invierno. Las doce constelaciones se suceden durante el año y tienen una duración de 29 o 30 días.

El retorno de los astrólogos y la difusión de la astrología en los medios de comunicación son elementos que pueden formar parte de los sueños de los adultos y de los niños. La astrología forma parte de la vida de cada día. Soñar con el propio signo zodiacal representa una proyección de la identidad al reconocerse en las características que expresa. Soñar con un signo del Zodiaco que no es el propio se refiere a una persona que es de ese signo; por ejemplo, si la madre es Tauro y el niño sueña que escucha la previsión zodiacal de este signo, es probable que quiera centrar su atención en la madre y en su comportamiento.

Aries (del 21 de marzo al 20 de abril)
Es el primer signo del año zodiacal y empieza con el equinoccio de primavera, el 20 de marzo. Corresponde al número 1, al inicio de la primavera astronómica, el momento en que despierta la naturaleza, incluidos los humanos. Simboliza el deseo de estar al aire libre, de gozar de la belleza que nos rodea y de las horas de luz que van en aumento hasta el solsticio de verano, momento en que el día es más largo.

Tauro (del 21 de abril al 21 de mayo)
El número 2: la energía femenina de Tauro se manifiesta en su largo cabello (para la pelirroja los cabellos son las cuerdas de luz que nos unen al espíritu creador), que bajan para acariciar el glifo del signo. Aquí está contenida y protegida, «la pequeña encina en la que

apenas han brotado dos hojas verdaderas». El ojo en forma de estrella que brilla en la frente de la mujer Tauro es la estrella Aldebaran, que significa que la criatura humana es capaz de distinguir la luz y de transmitirla a los demás.

Géminis (del 22 de mayo al 21 de junio)

El número 3: los dos rostros frente a frente representan la dualidad que se debe fundir para dar vida al tercer elemento, a la criatura que se asoma a la manifestación. Dos partes que han de fundirse armoniosamente al manifestarse, para que quien pertenece a este signo pueda tener un dominio pleno de sus recursos intelectuales y físicos.

Cáncer (del 22 de junio al 22 de julio)

El número 4, el cuadrado, el perímetro de un lugar. En efecto, las energías de Cáncer están orientadas al desarrollo de la forma, del cuerpo astral y de la emotividad que tanto aprecia lo bello. El cangrejo circunda la escena del nacimiento consciente, porque la entrada al mundo de las formas, durante la encarnación física, necesita una «casa», un contenedor que dé cobijo y proteja a la criatura.

Leo (del 23 de julio al 23 de agosto)

El número 5 se refiere a la estrella, al hombre. En Leo hay afirmación individual, está el ser humano que se reconoce a sí mismo y toma conciencia de ser también un Ser superior. El Sol, dominador del signo, brilla detrás de la leona, invadiendo con su luz toda la creación.

Virgo (del 24 de agosto al 23 de septiembre)

El número seis se refiere al hexágono, la forma geométrica compuesta de dos triángulos equiláteros: el triángulo de la materia y el triángulo del espíritu, perfectamente conectados con un único centro. Dicho centro representa la divinidad que vive en todas las criaturas conscientes y se manifiesta en el momento en que empieza el declive de la naturaleza, que, después de haber dado sus frutos, se prepara para el reposo.

Libra (del 24 de septiembre al 23 de octubre)

Es la conclusión del ciclo de la exteriorización, simbolizado por el número 7, desde siempre considerado sagrado. A partir de este momento, la naturaleza parece cerrarse y la vida desaparecer, mientras las realidades externas pierden gradualmente sus atractivos. Con sus colores cálidos y melancólicos, el otoño nos lleva a reflexionar sobre el tiempo transcurrido, a medir y cuantificar nuestras acciones pasadas.

Escorpio (del 24 de octubre al 22 de noviembre)

Con el número ocho se concluye el círculo vital orgánico de la naturaleza y todo muere, marchita, fermenta. Esta muerte y esta destrucción preparan, sin embargo, un renacimiento. El verdadero significado de este signo de «muerte» es la muerte de la conciencia individual para poder regenerarse, transformar y acceder a niveles superiores de la conciencia. Sin la energía de Escorpio nada podría renovarse y el progreso quedaría detenido.

Sagitario (del 23 de noviembre al 21 de diciembre)

El 9, el Centauro (mitad criatura humana y mitad caballo), cuando olvida su «pasión» terrenal cede el puesto al Unicornio blanco, que guía a la criatura hacia las metas del espíritu. Por ello, el rostro de la criatura humana y el del Unicornio tienen en común el ojo que mira la meta indicada por el cuerno (que ha sustituido a la flecha y al arco), una meta que está más allá de las nubes.

Capricornio (del 22 de diciembre al 20 de enero)

El 10 es el momento en que la barrera entre espíritu y cuerpo, entre el alma y la mente, es más fina, hecho que permite a la energía del signo de Capricornio manifestarse concretamente en todos los seres vivos. Es el periodo de las fiestas navideñas, de los festejos de año nuevo, y todo tiene lugar en una atmósfera-solsticio que es una de las grandes puertas del Zodiaco: la entrada al mundo del espíritu durante la encarnación física, el renacimiento del sol interior.

Acuario (del 21 de enero al 18 de febrero)

Número 11: mientras la tierra parece dormirse y volverse estéril, el sol exterior e interior renace con energía renovada. No en vano en la Edad Media el signo de Acuario se equiparaba con la Templanza del Tarot, y la Templanza era un ángel... De ahí el ala angelical que nos hace reconocer a Acuario como mensajero del cielo, capaz de iluminar la tierra.

Piscis (del 19 de febrero al 20 de marzo)

Es el número 12. El símbolo representa dos peces dentro del agua: el de debajo está en posición horizontal y simboliza la personalidad humana, mientras que el de arriba está mirando hacia lo alto, simbolizando el alma humana. La cinta que mantiene unidos a los dos peces indica que nuestra parte física debe estar siempre en armonía con nuestra parte espiritual, de modo que podamos vivir conscientemente nuestra función de «antenas» entre la tierra y el cielo, para la cual están predispuestos los que pertenecen a este signo.

Bibliografía

AA. VV.: *Il libro delle ninnananne*, Edizioni Paoline, Milán, 1998.
AA. VV.: *Il pensiero di D.W. Winnicott*, Armand Editore, 1997.
AA. VV.: *Orsetto Bruno dice no,* Arca, Milán, 1993.
AA. VV.: *Orsetto Bruno ha paura del buio*, Arca, Milán, 1994.
AA. VV.: *Orsetto Bruno riabraccia la mamma*, Arca, Milán, 1993.
ADLER, A.: *Psicologia individuale*, Astrolabio, Roma, 1962.
ADLER, G.: *Psicologia analitica*, Bollati Boringhieri, Turín, 1970.
ALEXANDER, F. G. y SELENSNICK, S. T.: *The History of Psychiatry: an Evaluation of Psichiatryc Thought and Practice from Prehistoric Times to the Present*, Harper & Row, Nueva York, 1966.
ANTIER, E.: *Elogia della madre*, Mondadori, Milán, 2001.
ANTONELLI, C.: *La profonda misura dell'anima*, Liguori, Nápoles, 1990.
ARISTIDE, E.: *Discorsi sacri*, Adelphi, Milán, 1984.
ARISTÓTELES: *Poética*, Icaria, Barcelona, 2002.
ARTEMIDORO DE DALDI: *Il libro dei sogni*, Adelphi, Milán, 1975.
AURIGEMMA, L.: *Prospettive junghiane*, Bollati Boringhieri, Turín, 1989.
AVALON, A.: *Il potere del serpente*, Edizioni Mediterranee, Roma, 1987.
BARA, B.: *Scienza Cognitiva*, Bollati Boringhieri, Turín, 1991.
BATESON, G.: *Verso un'ecologia della mente*, Adelphi, Milán, 1979.
— *Mente e natura*, Adelphi, Milán, 1982.
BERNABEI, M.: «Il gruppo con adolescenti tra storie individuali e storia collettiva», en *Quaderni di psicoterapia infantile*, n.º 40, Borla, Roma, 1999.
— «The adult in group with children and adolescents: differences and specificities», en *Funzione Gamma Journal*, n.º 4, Edizioni Marco Bernabei, 2000.
BERNARDI, M.: *El niño de hoy*, Noguer Ediciones, Barcelona, 1974.
— *Educazione e libertà*, Editorial De Vecchi, Milán, 1980.
— *L'infanzia tra due mondi*, Fabbri, Milán, 1999.
BETTELHEIM, B.: *Un genitore quasi perfetto,* Feltrinelli, Milán, 1998.
BION, W. R.: *Aprendiendo de la experiencia*, Ediciones Paidós Ibérica, Barcelona, 1980.
— *Trasformazioni*, Armando Editore, Roma, 1973.

BOSINELLI, M. y CICOGNA, P. C.: *Sogni: Figli di un Cervello Ozioso*, Bollati Boringhieri, Turín, 1991.
BOWLBY, J.: *Attaccamento e Perdita*, vol. 1, *L'attaccamento alla Madre*, Bollati Boringhieri, Turín, 1972.
— *Attaccamento e Perdita,* vol. 2, *L'attaccamento alla Madre*, Bollati Boringhieri, Turín, 1974.
— *Attaccamento e Perdita,* vol. 3, *L'attaccamento alla Madre*, Bollati Boringhieri, Turín, 1983.
BRAZELTON, T. B. y J. D., SPARROW: *Touchpoints Three to Six: Your Child's Emotional and Behavioral Development*, Perseus Publishing, Cambridge, 2001.
BRENNER, C.: *Breve corso di psicoanalisi*, Martinelli, Florencia, 1967.
BRUNI, O.: *Opuscolo divulgativo: I disturbi del sonno*, por el Centro de Trastornos del Sueño en la Edad Evolutiva, Universidad La Sapienza, Roma, 2001.
CAROSI, M., COTUGNO, A., RINALDI, L. y RUGGERI, G.: *L'uso degli strumenti informatici nello studio sperimentale e clinico dell'attività onirica*, Convegno Informatica in Psichiatria e in Psicologia, CNR, Roma, In Press, 1990.
CARTESIO, R.: *Opere scientifiche*, por G. Micheli, UTET, Turín, 1967.
CASSIRER, E.: *Simbolo, Mito, Cultura*, Laterza, Roma-Bari, 1985.
CASTANEDA, C.: *El arte de ensoñar*, Editorial Seix Barral, Barcelona, 1997.
CHEVALIER, J. y GHEERBRANT, A.: *Dictionaire des symboles*, Robert Laffont, París, 1969.
CODINO, F.: *Miti greci e romani*, Laterza, Bari, 1971.
CORBIN, H.: *Corpo Spirituale e Terra Celeste*, Adelphi, Milán, 1986.
DUFFY, E.: *The Psicological Press*, Nueva York, 1957.
DURAND, G.: *Le strutture antropologiche dell'immaginario*, Dedalo, Bari, 1984.
ELLMAN, S. J. y ANTROBUS, J. S.: *The Mind in Sleep*, Wiley Interscience Publication, Franken, 1991.
FOGLIA, S.: *I simboli del sogno*, Newton Compton, Roma, 1994.
FOSSHAGE, J. L.: *Le funzioni organizzatrici dell'attività mentale del sogno*, Relazione al Semir Isipsè, Instituto para el Estudio Psiconalítico de la Subjetividad, Roma, 1998.
— *Il modello del sogno como organizzazione: implicazioni teoriche e cliniche*, Seminar Isipsè, Roma, 2001.
FREEMAN, A.: *Dreams and Images en Cognitive Therapy,* en Emery G., Hollon S. D. y Bedrosian R. C. (a cargo de), *New Directions In Cognitive Therapy*, Guilford Press, Nueva York, 1981.
FREUD, A.: *Quattro conferenze sull'analisi infantile*, en *Opere*, V, 1, Bollati Boringhieri, Turín, 1927.
FREUD, S.: *Progetto di una psicologia*, en *Opere*, II, Bollati Boringhieri, Turín, 1969.
— *La interpretación de los sueños*, Círculo de Lectores, Barcelona, 1995.

FRIEDMAN, R.: *Dream Seminar*, Seminar at Romn Psychology Faculty, Roma, 2000.
— *Dreamtelling as a request and the royal road throught the other*, Seminar at Roman Psychology Faculty, Roma, 2001.
GARMA, A.: *Nuovi studi sul sogno*, Astrolabio, Roma, 1993.
GARVEY, C.: *Il gioco*, Armando Editore, Roma, 1977.
GUENON, R.: *Símbolos fundamentales de la ciencia sagrada*, Ediciones Paidós Ibérica, Barcelona, 1995.
GUIDANO, V. F. y G. LIOTTI: *Cognitive Process and Emotional Disorders*, Guilford Press, Nueva York, 1983.
GUTHELL, E. A.: *Manuale per l'analisi del sogno*, Astrolabio, Roma, 1972.
HAYNAL, A. y PASINI, W.: *Medicine Psychosomatique*, Masson, París, 1984.
HILLMAN, J.: *Il mito dell'analisi*, Adelphi, Milán, 1979.
HOBSON, J. A.: *La macchina dei sogni*, Giunti Editore, Florencia, 1992.
— *La fabbrica dei sogni: il rapporto misterioso tra cervello e mente*, Frassinelli, Milán, 1998.
HOGG, T. y M. BALU: *Il linguaggio segreto dei neonati*, Mondadori, Milán, 2002.
JOUVET, M.: *La natura del sogno*, Theoria, Roma, 1991.
JUNG, C. G.: *Il problema dell'inconscio nella psicologia moderna*, Einaudi, Turín, 1959.
— *La simbologia dello spirito*, Einaudi, Turín, 1959.
— *Opere*, VI, *Tipi psicologici*, Bollati Boringhieri, Turín, 1969.
— *Opere*, IV, *Freud e la psiconalisi*, Bollati Boringhieri, Turín, 1973.
— *Opere*, V, *Simboli della trasformazione*, Bollati Boringhieri, Turín, 1973.
— *Opere*, VIII, *La dinamica dell'inconscio*, Bollati Boringhieri, Turín, 1976.
— *Sogni, ricordi e riflessioni*, Rizzoli, Milán, 1978.
— *Opere*, IX, *Gli archetipi e l'inconscio*, Bollati Boringhieri, Turín, 1980.
— *Opere*, IX, *Aion: ricerche sul simbolismo del sé*, Bollati Boringhieri, Turín, 1982.
KAPLAN, S.: *Il potere dei sogni*, Xenia, Milán, 1990.
KERENY, K.: *Miti e misteri*, Tattilo, Milán, 1972.
— *Nel labirinto*, Bollati Boringhieri, Turín, 1983.
KLAUS, T.: *Autoanalisis dei sogni*, Edizioni Mediterranee, Roma, 1994.
KLEIN, M.: *Psicoanalisi del gioco: sua storia e suo significato*, en *Scritti*, Bollati Boringhieri, Turín, 1978.
— *Scritti 1921-1958*, Bollati Boringhieri, Turín, 1978.
— *Nuove vie della psicoanalisi*, Il Saggiatore, Milán, 1982.
KRAMER, M.: *The Selective Mood Regulatory Function of Dreaming: an Update and a Revision*, en Moffit A., Kramer M. y Hoffman R. (a cargo de), *The Function of Dreaming*, State University of New York Press, Albany, 1993.
LEACH, P.: *Il bambino dalla nascita ai sei anni*, Mondadori, Milán, 1995.

LONG, S.: *Buonanotte cuoricino*, Fabbri, Milán, 2002.
LUBAN PLOZZA, B.: *Musica ed espressione*, Riv. Svizz. It., Locarno, 1945.
— *Il terzo orecchio,* Centro Scientifico Editore, Turín, 1991.
— y W. POLDINGER: *Il malato psicosomatico*, Astrolabio, Roma, 1996.
MAJIORE, I.: *Il mistero del sogno*, Astrolabio, Roma, 1991.
MARCELLI, D.: *Psicopatologia del bambino*, Masson, Milán, 1996.
MAYER, M.: *Brutti sogni in ripostiglio*, EL, Trieste, 1998.
MCLEAN, P. D.: *Evoluzione del cervello e comportamento umano*, Einaudi, Turín, 1984.
MEIER, A. C.: *L'interpretazione del sogno*, Edizioni Mediterranee, Roma, 1993.
— *Il sogno come terapia*, Edizioni Mediterranee, Roma, 1994.
MONEY-KYRLE, R.: *All'origine della nostra immagine del mondo*, Armando Editore, Roma, 1972.
MUSSEN, H. P., J. J. CONGER y J. KAGAN: *Lineamenti dello sviluppo del bambino*, Zanichelli, Bolonia, 1981.
MUSSO, A.: *L'alba della magia*, Gribaudo, Cuneo, 1991.
— *Il nome della gente*, Edizioni Albero, Milán, 1992.
— *Stelle Anima Corpo*, Edizioni Liber Internazionale, Pavía, 1993.
— *Dialogo Corpo Mente*, Centro Scientifico Editore, Turín, 1994.
— *Carattere e salute*, Centro Scientifico Editore, Turín, 1998.
MUSSO, A. y O. GADONI: *Vivir feliz en pareja*, Editorial De Vecchi, Barcelona, 2002.
NEUMANN, E.: *L'uomo creativo e la trasformazione*, Marsilio, Padua, 1974.
— *Storia delle origini della conoscenza*, Astrolabio, Roma, 1978.
O'BRIEN, L., investigadora de la Universidad de Louisville, citada por Roberto Colajanni en Dossier Salute en el sitio internet http://www.sanihelp.it.
OGDEN, T. H.: *Subjects in analysis*, Jason Aronson Inc., New Jersey, 1994.
OLIVEIRO FERRARIS, A.: *Sarò padre. Desiderare, accogliere, saper crescere un figlio*, Giunti Editore, Florencia, 2001.
PACE, G. M. y F. BALDISSERA: *Sonno, sogno e insomnia*, Mondadori, Milán, 1985.
PARSI, M. R.: *Il pensiero del bambino*, Mondadori, Milán, 1997.
PERLS, F.: *L'approccio della Gestalt*, Astrolabio, Roma, 1973.
PLATÓN: *Timeo, Opere 1091*, Sansoni, Florencia, 1974.
PLUTARCO: *Dialoghi delfici*, Adelphi, Milán, 1983.
POPPER, K. R.: *Conocimiento objetivo*, Editorial Tecnos, Madrid, 2001.
PRIBRAM, K. M.: *I linguaggi del cervello*, Franco Angeli, Milán, 1976.
PRIGOGINE, I.: *Nuova alleanza*, Longanesi, Milán, 1979.
PROGROFF, I.: *Le dimensioni non causali dell'esperienza umana*, Roma, 1975.
RAPAPORT, D.: *Affettività e pensiero nella teoria psicoanalitica*, Franco Angeli, Milán 1977.
RUGGERI, G.: *Studi clinici sul sogno*, Edizioni Sirp, Roma, 1984.

SADEH, A. et al.: *Sleep, neurobehavioral functioning, and behavior problem in school-age children*, en *Child Development 73 (2)*, Academic Press, Nueva York, 2002.
SCHANEIDER, M.: *Gli animali simbolici*, Rusconi, Milán, 1984.
SCHMIDT, B. D.: *Nocturnal enuresis: finding the treatment that fits the child*, en *Pediatric Review*, Academic Press, Nueva York, 1997.
SCHWARZ, B.: *Il libro dei segni e dei simboli*, Bietti, Milán, 1974.
SENDAK, M.: *Nel paese dei mostri selvaggi*, Babalibri, Milán, 1999.
— *Luca, la luna e il latte*, Babalibri, Milán, 2000.
STEVENS, A.: *Archetypes. A Natural History of the Self*, Routledge, Londres, 1982.
TART, C. T.: *Stati di coscienza*, Astrolabio, Roma, 1977.
TREVI, M.: *Metafore del simbolo*, Raffaello Cortina Editore, Milán, 1986.
VAN GENNEP, A.: *I riti di passaggio*, Bollati Boringhieri, Turín, 1981.
VEGETTI FINZI, S. y A. M. BATTISTIN: *A piccoli passi. La psicologia dei bambini dall'attesa ai cinque anni*, Mondadori, Milán, 1994.
VON FRANZ, M. L.: *L'asino d'oro*, Bollati Boringhieri, Turín, 1985.
— *L'eterno fanciullo*, Red, Como, 1989.
WOOLF, A., H. C. SHANE y M. A. KENNA (a cargo de): *The Children's Hospital Guide to Your Child's health and Development*, Perseus Publishing, Cambridge, 2000.
ZETZEL, E. y W. MEISSNER: *Psichiatria psicoanalitica*, Bollati Boringhieri, Turín, 1985.
ZOLLA, E.: *Archetipi*, Marsilio, Padua, 1988.
— *Aure*, Marsilio, Padua, 1995.
— *Lo stupore infantile*, Adelphi, Milán, 1998.

www.ingramcontent.com/pod-product-compliance
Lightning Source LLC
Chambersburg PA
CBHW050107170426
43198CB00014B/2498